# Para

_____

# De

_____

# Fecha

_____

# Transferencias Espirituales

Apóstol Dr. Mario H. Rivera

&

Pastora Luz Rivera

**Publicado por
LAC Publications
Derechos reservados**

© 2021 LAC Publication (Spanish Edition)
**Primera Edición 2021**
© 2021 Mario H. Rivera y Luz Rivera
**Todos los derechos reservados.**

ISBN: 978-1-735-27444-7

© **Mario H. Rivera y Luz Rivera
Reservados todos los derechos**

Ninguna porción ni parte de esta obra se puede reproducir, ni guardar en un sistema de almacenamiento de información, ni transmitir en ninguna forma por ningún medio (electrónico, mecánico, de fotocopias, grabación, etc.) sin el permiso previo de los editores. La única excepción es en breves citas en reseñas impresas.

Diseño de la portado: Juan Luque

Impreso en USA (Printed in USA)
Categoría: Guerra Espiritual

# Índice

1 Capítulo

**Vectores y Receptores**

- Las transferencias en la Biblia
- Elementos de transferencia
- ¿Qué es un vector?
- ¿Qué es un receptor?
- El misterio de las transferencias espirituales
- ¿Qué significa TRANSNEUMIGRATION?
- La etimología de transneumigration
- Resultado de la transferencia
- Los principios para las buenas transferencias
- ¿Qué requiere una transferencia?
- ¿Por qué las transferencias requieren pureza?
- Las formas de transferencias malignas
- El espíritu de las transferencias
- La transferencia de bendiciones

2 Capítulo

**Los Sistemas Espirituales**

- Las relaciones sexuales
- ¿Qué sucede en la relación sexual?
- La ley espiritual de la transferencia sexual
- Significado de relación
- El sistema o los puntos de la transferencia
- ¿Por qué es importante la sangre en el pacto
- Los conflictos de la transferencia

3 Capítulo

**Las Influencias de Los Espíritus Humanos**

- ¿Para qué sirve un yugo?
- El yugo del aprendizaje
- El propósito literal del yugo
- La fuerza del yugo
- La verdad de 2 bueyes juntos
- Dos bueyes entrenados
- Yugos desiguales

- Espíritu inmundo
- Niveles de tinieblas

4 Capítulo

**Las Influencias de Los Espíritus Vivos o De Los Muertos**

- Las influencias de los espíritus humanos
- Definiendo la influencia de los espíritus humanos
- ¿Qué es la manipulación?
- ¿Qué es la personalidad?
- ¿Qué son las actitudes?
- ¿Qué es la mentalidad?
- La primera mención de las influencias de los espíritus humanos
- La influencia del espíritu humanos vivo
- La influencia de espíritus con nombre humano
- Los discípulos compararon a Jesús con profetas muertos
- La influencia de los espíritus humanos de los muertos
- La costumbre de consultar a los

muertos
- ¿Qué son los espíritus de los humanos muertos?
- ¿Qué puede dar lugar a que un espíritu humano quede atrapado?

## 5 Capítulo

**Las Consecuencias Espirituales**

- La necesidad de reconocer las influencias
- Las 7 influencias de Dios
- Los círculos viciosos y los ciclos negativos
- Dinámica de los ciclos viciosos
- ¿Qué es un ciclo?
- Los ciclos
- Los ciclos de Israel en el período de los jueces
- La repetición de males o batallas cíclicas
- ¿Qué era lo malo que hacían?
- Los círculos viciosos
- El propósito del yugo
- El yugo de los círculos viciosos

- Ejemplos bíblicos del peligro en yugos desiguales
- Los espíritus humanos más peligrosos
- El espíritu de Esaú
- ¿Qué representa Esaú?

6 Capítulo

**Las Transferencias Espirituales Generacionales**

- La transferencia biológica
- La transferencia espiritual generacional
- Investigación científica de la transferencia horizontal
- Transferencia horizontal de genes de plantas a insectos
- ¿Qué es un espíritu generacional?
- Las condiciones para las transferencias
- Las influencias de espíritus con nombre de humanos
- El espíritu de Ismael
- El espíritu de Ismael en el mundo
- El espíritu de Ismael y su naturaleza
- El Padre desarraiga lo que no plantó
- El espíritu de Saúl
- Espíritu de tormento

# 7 Capítulo

## Las Influencias de Los Espíritus Místicos Femeninos

- Principales entidades místicas femeninas
- Mujeres extraordinarias
- Los espíritus humanos más peligrosos
- La influencia del espíritu humano
- Los orígenes de Jezabel
- El nombre de Jezabel
- La ironía del nombre Jezabel
- Reseña histórica de Jezabel
- La transferencia generacional de Jezabel
- ¿Cuál fue la influencia de Atalía?
- ¿Cuál fue la influencia de Herodías?
- ¿Cuál fue la influencia de Jezabel como falsa maestra en Tiatira?
- ¿Qué es una mujer TERMAGANT?
- Las cosas que Jezabel no reconoce
- La transferencia de Jezabel en la Iglesia
- La enseñanza de mujer sin transferencia jezabélica
- Las armas de Jezabel que influencian en las transferencias
- ¿Qué es una influencia?
- ¿Qué es una intimidación?
- ¿Qué es una fobia?

- ¿Qué es manipulación?
- ¿Qué es dominio?
- ¿Qué es seducción?
- ¿Qué es acusación?
- ¿Qué es difamación?
- ¿Qué es blasfemia?

8 Capítulo

**El Impacto de Una Transferencia Psicológica**

- La guerra psicológica
- Las 7 guerras de alto nivel
- ¿Cómo es una guerra psicológica?
- Concepto de guerra psicológica
- La esfera de la guerra psicológica
- La esfera del león rugiente
- ¿Para qué es el rugido del león?
- La esfera de la guerra psicológica del león rugiente
- ¿Qué es el infrasonido?
- El infrasonido del león rugiente
- El rango del oído y la percepción
- El león y el rugido infrasonido de Satanás
- La psicología del temor

# INTRODUCCIÓN

Es ineludible el hecho de pensar que no eres o serás influenciado y que en algún momento de tu vida estarás ocupando un lugar de los 2: emitiendo o recibiendo, sea en el mejor de los casos, una bendición; aunque para que seas un emisor o vector, primero tuviste que ser receptor, a menos que Dios haya puesto en ti de forma nata un don para que seas desde el principio un vector, pero aún así, tuviste que ser receptor de las virtudes que Dios depositó en tu vida desde antes que vinieras a la Tierra, cumpliéndose así entonces que para ser vector o emisor, tuviste que ser receptor. Ahora bien, en ti está la decisión de qué es lo que permitirás que llegue a tu vida, de qué te llenarás para ser un depositario y que posteriormente te conviertas en un emisor o vector.

De esto es lo que habla la Biblia en las epístolas de Timoteo cuando hace referencia a la imposición de manos, primero porque dice claramente que debes cuidar el don espiritual que te fue transferido proféticamente con la imposición de manos (**1 Timoteo 4:14**), también dice que debe haber en ti la responsabilidad de no imponer manos con ligereza (**1 Timoteo 5:22**); y quizá este sea el punto esencial en todo esto porque si bien es cierto que fuiste en algún momento un receptor para convertirte en un vector, también debes cuidar tu vasija de no llenarla de ningún tipo de contaminación, cuidarte tanto por ti como por el hecho de ser un medio que traslade lo que llevas dentro, si es bendición, eso trasladarás, pero si es el caso que por la imposición de manos con ligereza te hizo víctima de cualquier cosa negativa de las tinieblas, eso es lo que trasladarás a la persona que le impongas manos.

Es por eso que también dice la Biblia que debes avivar el fuego del don de Dios el cual recibiste por la imposición de manos (**2 Timoteo 1:6**), eso me deja ver que lo puesto por Dios en tu vida como un don, debe tener una constante práctica que involucra el hecho una consagración a Dios, tener comunión con El en todo momento para que tus sentidos espirituales sean cada vez más sensibles a saber qué hacer en determinado momento, si el Espíritu Santo está diciendo que te abstengas de imponer manos, no debes hacerlo porque, por el simple acto de imponer manos en otra persona, sea para orar, para liberar, etc., podría convertirse en el inicio de la peor de las batallas espirituales en tu vida.

Debes recordar que en el mundo espíritus existen rangos con autoridad como lo enseña la Biblia en **Efesios 6:12**, existen principados, potestades, gobernadores y huestes; cada uno de ellos tiene un rango y dependiendo de su rango, así es su autoridad y consecuentemente el poder que pueda ejercer sobre tu vida; de tal manera que podrías estar siendo víctima del engaño de las tinieblas y al imponer manos sobre una persona, en lugar de emitir bendición en calidad de una liberación, esa persona podría tener un espíritu más fuerte que el tuyo y entonces de ti no descienda lo que piensas que estás haciendo, sino por el contrario, de la persona a la que le estás imponiendo manos, ascienda hacia ti toda clase de males al punto que haya incluso un yugo de maldad al que estás siendo inducido.

Por eso es necesaria la íntima comunión con Dios para que el don que haya puesto en ti, sea avivado en todo momento y que esa santidad a la que estás siendo llamado constantemente, sea como un sistema de blindaje espiritual donde no entrarán las obras de las tinieblas, sino por el contrario, podrás desenmascararlas, evidenciando toda transferencia espiritual negativa para que las operaciones de las tinieblas pierdan efectividad y que sus esquemas sean confundidos y no alcancen sus propósitos.

Es por eso que en este libro encontrarás todo el equipamiento necesario, como otra arma espiritual de parte de Dios, que te llevará a nuevas dimensiones donde, no solamente serás librado de toda influencia espiritual de las tinieblas, sino que tendrás el discernimiento para saber qué hacer y cuándo hacerlo para una mayor y mejor efectividad en guerra espiritual bajo la perspectiva de las transferencias espirituales.

**Apóstol Mario Rivera**

Hablar del tema de la transferencia es de suma importancia para todos los que estamos siendo equipados integralmente como combatientes de liberación. También debes saber que el equipamiento que Dios permite en tu vida, no tiene límites, no puedes decir que al terminar este libro concluiste tu equipamiento y que ya eres un guerrero espiritual; ciertamente eres un guerrero si estás en pos de esta preparación, pero esto no terminara aún. La realidad es que el equipamiento no tendrá fin, sino hasta que Dios ponga a Sus enemigos por estrado de Sus pies **(Hebreos 10:13)**.

Pero entonces ese equipamiento es para toda la Iglesia de Cristo porque a libertad te llamó el Señor aunque a veces no se alcanza esa libertad, a pesar que El te llamó; no se alcanza por muchas situaciones contrarias que surgen alrededor de tu vida, de pronto inesperadamente y las cosas se empiezan a complicar, por ejemplo, una transferencia espiritual que inicia en lo físico hasta llegar a tu espíritu donde está la raíz de tu ser, de donde se origina todo aquello que repercute en tu vida; aquí es donde se debe analizar quién es un emisor o vector y quién es un receptor o el que recibe.

De aquí podrás ver varios ángulos:

- ✓ **Como básico:** considerado como una doctrina calificada elemental según la epístola a los hebreos; esto lo ampliaré más adelante.

- ✓ **Como profundo:** puede ser considerado un misterio que implica la parte mística de la transferencia.

- ✓ **Como neutral:** también tiene el ángulo positivo y negativo de la transferencia.

- ✓ **Como elementos de transferencias:** por contacto, imposición de manos, asociación, campo atmosférico espiritual, etc.

## Las Transferencias En La Biblia

Para que puedas tener la base bíblica a este respecto, a continuación describiré la base que te servirá para una mejor comprensión a este respecto:

**1 Timoteo 4:14** No descuides el don espiritual que está en ti, que te fue conferido por medio de la profecía con la **imposición de manos** del presbiterio.

- ✓ El que impone manos no sólo tiene la autoridad, sino que también el don que imparte.
- ✓ El que impone manos tiene el fuego.
- ✓ En este caso, el grupo de hombres de Dios con el don de profecía, así como la autoridad con la que impartían el don, impusieron manos en Timoteo para transferirle lo que ellos tenían, lo cual obviamente era de parte de Dios. Aquí puedes ver en primer plano entonces que ese grupo de hombres están fungiendo como un vector de lo que tenían.

**2 Timoteo 1:6** Por lo cual te recuerdo que avives el fuego del don de Dios que hay en ti por **la imposición de mis manos**.

La imposición de manos era y es una doctrina básica que explica cómo tiene lugar la transferencia de cosas místicas, buenas, dones, etc. La gente que recibía la doctrina, no solamente se le enseñaba para que abriera su corazón y recibir el don de Dios, sino que, se les explicaba la parte mística; porque no se trata de que alguien fungiendo como vector, haga una transferencia sin antes explicar lo que está transfiriendo.

## LAS TRANSFERENCIAS

Como básico, era una enseñanza elemental que explicaba cómo funcionaba la transferencia, como ya lo empecé a explicar; porque el propósito de lo que estás aprendiendo en este libro, es que seas responsable y conozcas qué es lo que sucede cuando alguien te impone sus manos y hace una declaración de lo que está en él, para entonces asegurarte que esa transferencia sea verdaderamente de Dios y no solamente porque te gusta lo que otra persona hace, porque no sabes si es de Dios o del diablo.

Es necesario que estés consciente a ese respecto por testimonio del Espíritu Santo, de que aquello que te está siendo transferido, sea primeramente, porque lo deseas, pero también porque es genuino de Dios.

Las transferencias ciertamente pueden ser por lo positivo que haya en un vector; sin embargo también por lo negativo, en tal caso debes rechazar lo malo y aceptar lo bueno.

**Hebreos 6:2** ...de la enseñanza sobre lavamientos, de **la imposición de manos**, de la resurrección de los muertos y del juicio eterno.

## ELEMENTOS DE TRANSFERENCIAS

Como ya lo señalé, tenía lugar por imposición de manos, por contacto, por asociación, por el ambiente atmosférico, etc., pero para que algo sea transferible, debe contar con **VECTORES** y **RECEPTORES**.

Desde el punto de vista espiritual, la persona que es **VECTOR** primero tuvo que ser **RECEPTOR** para poderlo **TRANSMITIR** posteriormente. Es decir que, primero recibe y es el portador del espíritu que va a transferir después.

### ¿Qué es Un Vector?

Es un término que se deriva de un vocablo latino, significa: **que conduce**. Un vector es un agente que transporta algo de un lugar a otro. De tal manera que tú, siendo un portador de lo que Dios ha puesto en ti, te conviertes en un vector para poderlo transferir oportunamente a otra persona.

### ¿Qué es Un Receptor?

Es aquel o aquello que **recibe** algo. El verbo recibir, por su parte, hace referencia a obtener, tomar, asumir o asimilar alguna cosa. Puedo decir que este es el primer paso en toda persona antes que llegue a convertirse en un vector porque para poder dar, primero debes recibir, tienes la oportunidad de dar, de lo que Dios ha puesto en ti; hasta ese momento puedes ser un vector.

## El Misterio de Las Transferencias Espirituales

Cuando hablo de transferencia, entonces estoy refiriéndome a todo aquello que tienes de parte de Dios y que puedes transferir a otros. En esa base, casi todo con lo que Dios te ha impactado, lo puedes transferir; de aquí entonces la posibilidad de que una persona pueda transferir de su unción a otra persona.

En la antigüedad, cuando alguien imponía sus manos para transferir un don o algo que tenía; ese acto estaba visto y considerado como un misterio aunque no necesariamente era algo incomprensible como describe un diccionario secular la palabra **misterio**.

Dentro de la perspectiva bíblica, un **misterio** es algo que, efectivamente está oculto o en secreto hasta que se decide revelar, por ejemplo, cuando Jesús habló de los misterios del reino, dijo que eran solamente para dárselos a conocer a Sus discípulos; de ahí entonces puedo decir que era la razón por la cual El hablaba solamente por medio de parábolas, con el propósito que los misterios a los cuales se refería, solamente los comprendiera quien debiera; en realidad no era para todos.

Bíblicamente hablando, **misterio** significa conocer aquellos secretos que están en el Lugar Santísimo, y aunque están ahí, a Dios le place darlos a conocer. De tal manera que en aquellos días **el misterio de las transferencias espirituales**, era conocido por aquellos hombres, sabían que cuando alguien les imponía la mano, algo recibirían del que estaba fungiendo como vector.

## TESTIMONIO

Antes de continuar con el desarrollo de este capítulo, creo conveniente que sepas un punto muy importante y que concierne propiamente a mi desarrollo ministerial:

Cuando inicié el camino de mi vida cristiana, lo hice en una Iglesia tradicional donde Dios me permitió que aprendiera quizá los rudimentos del cristianismo, lo básico que me ayudaría más adelante en el desarrollo del misterio que Dios me entregaría para lo que hoy tengo la bendición de estar trabajando en la obra de Dios.

Posteriormente estuve integrado a Ministerios Elim, siendo pastor a cargo de una congregación; Dios me bendijo tanto con Su gloriosa presencia y revelación de Su palabra además de lo que pude recibir como doctrina propiamente de aquella misión que Dios usó para bendecirme.

Consecuente y oportunamente, pasé a formar parte de Ministerios Ebenezer, siendo la primera Iglesia dentro de Estados Unidos de América, integrada a esta misión. A partir de este punto, he tenido la oportunidad de impartir seminarios de guerra espiritual, enseñanzas, escribir libros, etc., doy gracias a Dios por la revelación de Su palabra bajo la unción que me ha permitido ser desarrollado hasta el día de hoy.

Dentro de estos 3 grupos, nunca antes he escuchado a nadie, enseñar respecto a lo que he enseñado y hoy forma parte de este libro en cuanto a transferencias espirituales y más puntualmente en lo que respecta a la palabra **TRANSNEUMIGRATION**. Es un estudio que no lo recibí en ningún instituto de teología básica ni avanzada, aún ni en la universidad de teología donde estudié durante 5 años para alcanzar un título universitario, tampoco ahí lo recibí, no lo contemplaban dentro del pensum de estudios.

Solamente en los niveles de doctorado teológico que son llamados, doctorado en divinidad, se escuchan estos términos, lugar donde escuché por primera vez el término y a través del tiempo continúe estudiando las raíces en hebreo, griego y otras lenguas de donde se puede derivar este término, así como pidiéndole a Dios que me revelara más a ese respecto que conlleva la **imposición de manos**, pero no es otra cosa más que la palabra **TRANSNEUMIGRATION** traducida a un lenguaje más popular para alcanzar un mejor entendimiento.

Estoy tomando este espacio para aclararte esta situación y que sepas que en la actualidad hay personas que se han dado a la tarea de recabar notas de lo que he enseñado en seminarios, para luego decir que es revelación que Dios les ha entregado; enseñándolo y predicándolo bajo esa perspectiva; más aún, escriben libros acreditándose tal enseñanza como propia para compartirla, cuando la realidad es que están copiando lo que han escuchado y ni siquiera se han dado a la tarea de investigarlo para comprobar si es cierto o no, cuando menos investigar para tener el soporte de tener la seguridad que es cierto lo que han copiado; tampoco han tenido la honorabilidad ni la ética para dejar plasmado cuál es la fuente de donde lo obtuvieron.

Dejo esta aclaración porque quizá hayas visto libros donde estén presentando estudios a este respecto y parecería como si fuera yo quien está presentando la copia, cuando la realidad es que; Dios me lo entregó como una revelación doctrinal desde hace muchos años para estudiarlo, investigarlo y una vez que lo maduré por la gracia de Dios, es que entonces lo estoy compartiendo.

Dejo esto plasmado en este libro, con temor a Dios porque en todo caso el que tiene los derechos reservados es El y no yo, menos aún quien está pendiente en internet de estar copiando los estudios para presentarlos como propios; pero considero oportuno hacer hincapié a este asunto porque puede ser que otra persona tergiverse los conceptos, definiciones y la profunda complejidad del tema, logrando solamente que las persona que lean sus documentos, terminen confundidos y no aclarados a este respecto.

Insisto en esto, no estoy copiando datos de ninguno que quizá hayas visto presentando puntos como lo que estoy desarrollando en este libro; Dios me lo reveló y me gozo en enseñarlo a profundidad para que te sea de mucha bendición.

Una vez aclarada esta situación, continuo con el desarrollo de este capítulo.

## ¿Qué significa Transneumigration?

Significa, la transferencia de un espíritu migratorio el cual a su vez está compuesto de la siguiente forma:

**TRANS PNEUMA MIGRATION**

Por supuesto viene de Dios, pero es depositado en un portador que lo transfiere a una generación y después a otra y luego a otra persona y hasta millares.

## LA ETIMOLOGÍA DE TRANSNEUMIGRATION

- ✓ **Trans** es un prefijo que significa: al otro lado o a través de… es decir, lleva la idea de ir de un lugar a otro.

- ✓ **Pneuma** significa: espíritu.

- ✓ **Migración** significa: para establecer una nueva residencia.

**Parafraseado sería:** espíritu transferido a una nueva residencia a través de… de una persona a otra, o sea, de un vector a un receptor.

Cuando escuchas hablar de imposición de manos, es esto lo que se está llevando a cabo; lo que está depositado en una persona que funge como vector; se establecerá en un nuevo objetivo espiritual que es el receptor.

**En una forma práctica, puedo decir que esto es el significado de la doctrina de la imposición de manos.**

**En esencia**, la transneumigración, expresa la ideología de la transferencia de espíritus, y se ejemplifica en la imposición de manos. Esto es lo que los griegos entendían cuando alguien les imponía manos.

Cuando oras para que alguien tenga paz, gozo y amor; son espíritus de parte de Dios, debes saber que no son cuestiones de carácter emocional nada más. Cuando se habla de transferir, es un punto espiritual. Claro que en el mundo también existen la paz, el gozo y el amor pero ahí son temporales; solamente para que puedas tener más claro este punto, los griegos tenían el amor en diferentes segmentos: el amor erótico, el amor estorge, el amor fileo, el amor agape, etc.

Sin embargo cuando se habla del amor agape, es un espíritu de parte de Dios; el amor erótico era propiamente de la carne, el amor estorge era un amor obligado como el familiar, con el cual se ama a una persona precisamente porque es un familiar cercano, es como decir que ya viene incluido en el vínculo que los une. Pero cuando se habla del amor agape no es solamente un sentimiento, es un espíritu que Dios derrama el cual se puede transferir como tal, como un espíritu y no como una emoción.

Por eso, cuando los griegos escuchaban de la imposición de manos, sabían que saldría de un vector un espíritu para ser depositado en otra persona. Por esa razón es que, cuando te mueves en el ámbito de guerra espiritual, no debes ser tan ligero para imponer manos, tampoco que te las impongan, porque es vector el que lleve un espíritu más fuerte y receptor el de espíritu débil. La transferencia tiene lugar en la imposición de manos, pero subirá o bajará de ti, dependiendo de lo fuerte de tu espíritu y el de la otra persona.

## RESULTADO DE LA TRANSFERENCIA

1. La persona viene a tener la misma característica de lo que le fue…
   **Transneumamigration =
   Transferido.**

2. Es influenciado fuertemente por la unción del que transfiere o hace la trasferencia.

**3.** Llevará la esencia que le transfirieron en espíritu.

Lo que esto significa es que, en la **TransPneuMigration**, cuando transfieres de tu espíritu ha otra persona, fluirá con el mismo poder o virtud, es decir lleva el mismo **FLUIR GENÉTICO ESPIRITUAL** o el mismo **ADN ESPIRITUAL**.

Esa es la explicación de este versículo:

**2 Timoteo 1:6** Por lo cual te recuerdo que avives el fuego del don de Dios que hay en ti por **la imposición de mis manos**.

El Apóstol Pablo le transfiere el fuego del don de Dios que habitaba en él, a Timoteo para que fluyera de la misma manera, lo único que debía hacer era avivarlo, o sea, perseverar en el llamamiento de Dios, de otra manera corría el riesgo de que se apagara.

## Los Principios Para Las Buenas Transferencias

Basado en que las transferencias espirituales buenas son muy sensibles y por lo que dice el versículo anterior, el Apóstol Pablo advierte a

Timoteo a ser cuidadoso y mantenerse puro, en santidad, refiriéndose a que no debía imponer manos con ligereza; pero el punto es que debía mantenerse puro, en santidad y sin pecado, con el propósito que su espíritu humano se mantuviera fuerte, de tal manera que en el momento de imponer manos, pudiera ser vector de lo bueno y no receptor de espíritus malos de otra persona porque entonces sus males y batallas, entrarían en él.

De manera que es importante conocer algunos principios para la transferencia de lo positivo a otras personas o familia, insistiendo en que, si bien es cierto que todo depende de Dios, también Él verá que el receptor en el cual está depositando de Su unción, sea lleno de santidad para que pueda pelear la buena batalla a sabiendas que terminará victorioso y no derrotado por estar jugando con el pecado. Con esto no estoy diciendo que la batalla de las tinieblas huirá de ti para siempre, por el contrario; sin embargo Dios no te dejará ser derrotado si encuentra el elemento esencial llamado: una vida de santidad en ti, una vida pura y transparente, con cristalinidad al punto que cuando Dios se acerque a tu corazón, se refleje Su rostro en ti.

## PRIMER PRINCIPIO
## CONSÉRVATE PURO

**1 Timoteo 5:22 (LBA)** No impongas las manos sobre nadie con ligereza, compartiendo así la responsabilidad por los pecados de otros; **guárdate libre de pecado.**

**1 Timoteo 5:22 (RV1995)** No impongas con ligereza las manos a ninguno ni participes en pecados ajenos. **Consérvate puro.**

**1 Timoteo 5:22 (AMP)** No tengas prisa en la imposición de manos [dando la sanción de la iglesia demasiado apresuradamente para reinstalar a los ofensores expulsados o en la ordenación en casos cuestionables], **ni compartir o participar en los pecados de otro hombre; mantente puro.**

Esto es interesante porque has visto lo positivo de la transferencia en la unción de Dios o de un espíritu Suyo; sin embargo la imposición de las manos, es un acto de doble filo, se transmite o se recibe, tanto lo positivo como lo negativo; en tal caso, si eres puro, si vives en santidad, tu espíritu estará con el don de Dios avivado en todo momento y serás fuerte para transmitir lo bueno y tendrás la puerta cerrada a una transferencia de espíritus negativos en el momento en que impongas manos, dicho en otras palabras, siempre serás un vector de parte de Dios lo que hará que tu vida tenga puertas cerradas a toda acción de las tinieblas.

## ¿QUÉ REQUIERE UNA TRANSFERENCIA?

El primer principio es básico para realizar una transferencia como hijo de Dios, es indispensable que te conserves puro, que estés perseverando en la santidad para llenar adecuadamente lo siguiente:

1. Transferir lo correcto y espiritual a la familia, esposo (a), a los hijos, etc.

2. Transferir bendiciones.

3. Transferir unciones, dones, virtudes, etc.

4. Transferir sanidad, milagros.

5. Transferir el poder que lleve cambios positivos, buenos, mejores.

Es necesario que consideres estos puntos, más aún, puedo decir que, para realizar todo aquello que Dios te delegue a que hagas en favor de otros, debes tener un alto grado de santidad porque la gente espera de ti, la respuesta de parte de Dios, la gente espera que seas el vaso de honra que Dios usará para bendecirlos, de tal manera que el requisito básico es que te conserves puro.

Además que, de esa manera tu espíritu estará lo suficientemente fortalecido para que en la imposición de manos, seas tú quien transfiera bendición y no la gente a la que le has impuesto manos sean quienes te transfieran males y tengas cambios negativos en tu vida sin que logres detectar la razón del por qué sucede lo que te puedan transferir en caso haya un espíritu más fuerte que el tuyo.

## ¿POR QUÉ LAS TRANSFERENCIAS REQUIEREN PUREZA?

Las contaminaciones se encuentran en diferentes formas, por ejemplo:

1. Los espíritus se transfieren de persona a persona.

2. Los espíritus se transfieren de objetos a personas.

Específicamente con objetos malditos, cuando fueron destinados para ese efecto en ocultismo, esto incluye aquellos objetos que parecen ser un simple objeto de culturas antiguas, pero su trasfondo es místicamente negativo de tinieblas, inician su trabajo desde el momento que son colocados en determinado lugar de una casa. La gente los ubica en su hogar como un adorno y pueden terminar siendo un punto de contacto de puertas dimensionales por donde entrarán espíritus inmundos y demonios.

3. Los espíritus se transfieren de lugares a personas.

Esto es con espíritus territoriales que han invadido determinado lugar al cual Dios no te ha enviado, eso es estar en el lugar, hora y con gente equivocada; **esto conlleva a lo que se conoce como la ley geográfica de la unción**.

Esto significa que la unción que Dios haya derramado sobre ti, es para que te desempeñes en determinada área; de tal manera que para entrar en algún territorio donde hay un movimiento diferente al cual Dios te haya habilitado, es posible que sea más fuerte que tu unción y para poderlo contrarrestar; en tal caso Dios tendría que habilitarte adecuadamente, confirmarte para que vayas y hagas algo específico en Su nombre como romper las atmósferas espirituales en el nombre de Jesús y ejecutar los principios con los cuales Dios te haya activado como el hecho de atar y desatar.

Pero debo insistir, para todo eso, debes estar debidamente habilitado, de otra manera puedes perder fuertemente la batalla por enfrentar poderes de las tinieblas que desconoces cómo atacan; incluso los espíritus de las tinieblas que se mueven en esos lugares se pueden transferir a tu vida por estar haciendo actos en los que no estás habilitado de parte de Dios.

## Las Formas De Transferencias Malignas

Las transferencias pueden suceder de varias formas; de tal manea que para no ser vulnerables, debes estar fortalecido en 2 cosas:

1. La obediencia a Dios y Su palabra.

2. La llenura del Espíritu Santo.

De esa manera estarás cerrando las puertas a transferencias malignas de la siguiente manera:

1. Acto sexual ilícito.

2. Ropa contaminadas.

3. Lugares incorrectos, prohibidos, negativos, etc.

4. Uso de drogas: compartiendo el mismo instrumento (el espíritu de sed y adicción).

5. Socializar y convenir con personas con espíritus equivocados (homosexualismo, viciosos, etc.).

6. Convenios, alianzas, pactos, votos.

Alguien podría pensar que estoy siendo extremista, pero la realidad de las cosas es que las tinieblas no desaprovechan ni una sola oportunidad para contaminar a una persona, principalmente cuando se trata de un hijo de Dios, el trabajo que hacen es muy sutil para que el engaño no sea detectado sino hasta que hayan hecho estragos basados en una transferencia.

También es necesario que tengas cuidado con quién haces asociación porque aunque sea mínima, quizá sea por un pequeño negocio, pero por el simple hecho de no ser del pueblo de Dios, hablaran, pensarán, creerán diferente, sus costumbres también son diferentes, etc., convivir con ese tipo de personas sin importar la razón, puede contaminar y debilitar tu espíritu, razón por la cual, debes conservarte puro, santo y sin abrirle ni una sola puerta al enemigo para que en el momento de las transferencias, no haya ventaja de parte de Satanás.

## El Espíritu De Las Transferencias

Es interesante que en la antigüedad todo esto era parte de un rito, aunque legal; se celebraba en cada oportunidad que se celebraba la fiesta de la expiación. Este rito estaba vinculado con Azazel, el macho cabrío que a la vez en el mundo espiritual representa el espíritu de transferencia de espíritus.

**Levíticos 16:8-10** Y echará suertes Aarón sobre los dos machos de cabrío; la una suerte por Jehová, y la otra suerte por **Azazel**. **9** Y hará allegar Aarón el macho cabrío sobre el cual cayere la suerte por Jehová, y ofrecerálo en expiación. **10** Mas el macho cabrío, sobre el cual cayere la suerte por **Azazel**, lo presentará vivo delante de Jehová, para hacer la reconciliación sobre él, para enviarlo á **Azazel al desierto**.

Nota entonces que para ese momento de la celebridad, se presentaban 2 machos cabríos idénticos, uno era al que le practicaban el rito que se estaba realizando, el que sacrificarían; el otro era el que enviarían al desierto, es al que me refiero como el espíritu de la transferencia de espíritus.

Es interesante ver que, en los movimientos ocultistas de cualquier zona del mundo, Azazel lo identifican como una entidad que manipula espíritus, obviamente de las tinieblas y que puede traer a los espíritus que invocan; espíritus que morarán en esa persona que a su vez subirá de nivel en el ocultismo, así como de carácter para enviarlo y sea el portador de maldiciones, hechizos hacia cierto lugar o persona. Toda esta situación actual, la tomaron de la base de la Biblia en el Antiguo Testamento.

El macho cabrio Azazel, es alguien a quien se le hace llevar la culpa de otros; era el chivo sobre cuya cabeza Aarón confesaba todos los pecados de los hijos de Israel el día de la expiación. Este chivo expiatorio era enviado al desierto, como ya lo mencioné.

El American Heritage Dictionary, lleva la creencia que ese chivo expiatorio, era enviado al desierto a un espíritu llamado Azazel.

Una explicación mística que puedo darle, aunque de una forma breve, es el hecho que si ese macho cabrío sobrevivía en el desierto y volvía a la ciudad, en su calidad de receptor, estaba lleno de todo espíritu que había contaminado al pueblo que obviamente se había despojado de ese espíritu, así como de todo pecado a través de la expiación.

Entonces, si volvía el macho cabrío, era en calidad de vector porque Azazel lo hacía regresar a la ciudad para que nuevamente trasladara los espíritus y se continuara el ciclo de pecado en el pueblo.

## EL SIGNIFICADO DE AZAZEL

1. Chivo de partida, chivo expiatorio.

2. Chivo que desaparece.

3. El que toma la culpa: los pecados del pueblo.

4. En árabe: **eliminar**, para indicar la eliminación total del pecado tras el ritual que se celebraba durante la fiesta de la expiación.

✓ El significado del numeral 3 deja ver la función de la transferencia por medio de Azazel.

Aquí puedes ver entonces que a través del rito del sacerdote, le imponía las manos y le transmitía el pecado al chivo.

Esto funcionaba de la siguiente manera: el sacerdote llevaba en su pecho las 12 piedras que representaban las 12 tribus; las presentaba a Dios en el Lugar Santísimo, rociaba la sangre sobre el propiciatorio y cuando recibía la reconciliación con Dios, salía el sacerdote para tener el rito en la entrada de un desierto, imponiendo sus manos al macho cabrío. **Aquí es donde se origina el significado de la imposición de manos.**

- ✓ Le transferían los pecados del pueblo a Azazel y luego lo enviaban al desierto.

- ✓ El **Diccionario de la Herencia Americana**: un espíritu maligno que es enviado al desierto, un chivo expiatorio en el día de la expiación.

- ✓ El Diccionario Webster: ʼazāzēl (el nombre de un demonio) como **la cabra que se va y vuelve**.

Azazel era y es el espíritu de transferencia de los pecados, de las iniquidades, de las batallas, de los conflictos de otros. Por eso, ninguno debería permitir voluntariamente que le sean transferidos los males de otros, bajo la base de transferencia de espíritus.

Muchas de las razones por qué hay personas que están afectadas y batallando con lo mismo todo el tiempo, es porque alguien que oró por ellos, no estaba autorizado o no tenía el nivel de santidad requerido; como también pudo invertirse el efecto por la fortaleza de espíritu, de tal manera que en lugar de actuar como vector, terminando siendo receptores.

Es por eso que si ves a una persona que fluye en determinado don o parece tener una unción muy especial de parte de Dios, no deberías permitir a la ligera que te impongan manos porque no hay una seguridad del testimonio de esa persona aunque Dios la esté usando. Recuerda que Dios usa a quien Él quiere y como quiere a pesar de lo que haga; aunque eso ya es un trato de Dios con el tal; pero tú no debes dejarte imponer manos a la ligera si no te consta de la santidad de aquella persona o que verdaderamente sea Dios quien te dirija para saber qué hacer.

## SEGUNDO PRINCIPIO
## LO QUE TENGO TE DOY

**Hechos 3:6** Pero Pedro dijo: No tengo plata ni oro, mas **lo que tengo, te doy**: en el nombre de Jesucristo el Nazareno, ¡anda!

**Tengo - G2192 éjo:** capacidad, estimar, conservar, guardar, poder.

Sabiendo que tienes algo de parte de Dios y que puede servir para glorificar Su nombre en otra persona; teniendo la seguridad de lo que tienes, puedes imponer manos para bendecir a otros pero también los demás deben tener la convicción de lo que tienes de parte de Dios para permitir la imposición de manos.

✓ **Sólo podemos dar lo que es estimado, guardado, conservado en estima y se da para beneficiar a otros.**

Esto me lleva a recordar el pasaje de la Biblia cuando el suegro de Moisés le sugiere que debe delegar a otros para que logre salir adelante con el trabajo que estaba haciendo, es entonces cuando busca personas que fueran íntegros, virtuosos a los cuales Moisés pudiera transferir lo que había en él, pero el elemento clave era que Dios se lo debía revelar.

Moisés consulta a Dios y le responde, como lo menciona la versión de la Biblia Junemman; que tomaría del espíritu de Moisés y lo podría en los hombres que estaban siendo propuestos para ser delegados por Moisés.

Para ese momento podría decir que habían muchos Moiseses, si me lo permites explicártelo de esa manera, porque del espíritu humano de

Moisés, se había transferido a los hombres que él había escogido dentro del pueblo de Dios para delegarlos a que hicieran la función que su suegro le había sugerido. De aquí entonces que existe la transferencia de espíritus humanos, buenos y malos, así como de humanos vivos y muertos; esto lo explicaré más ampliamente en otro capítulo de este mismo libro.

## TERCER PRINCIPIO
## DAR DE GRACIA

**Mateo 10:8** Sanad enfermos, resucitad muertos, limpiad leprosos, expulsad demonios; **de gracia recibisteis, dad de gracia.**

**Dar de gracia - G1432 doreán:** gratuitamente.

En este principio puedes notar claramente la función del vector o emisor y del receptor.

Dios ha puesto en mi corazón, juntamente con mi esposa, el hecho de organizar escuelas ministeriales como la escuela de intercesión, la escuela de equipamiento profético, pronto empezaré con la escuela de guerra espiritual; pero también he tenido la oportunidad de impartir seminarios, enseñar la palabra de Dios, predicarla, escribir libros con lo que El me ha revelado, todo eso con el propósito de dar de gracia lo que de gracia he recibido.

Por supuesto que, dependiendo de los canales por los que estés aprendiendo, quizá haya un costo que deba cubrirse como el hecho de adquirir un libro, pero la realidad es que eso es un costo de impresión y distribución que no se compara con el invaluable tesoro que significa tener la explicación bíblica que Dios puede derramar en Sus ministros; no es por mi persona o por la de mis consiervos que estoy diciendo esto, porque la realidad es que Dios puede levantar a quien Él desee para hacer Su obra y cumplir el propósito que haya planificado.

Pero de alguna manera, lo que Dios revela en Su palabra, para mi persona y mi esposa, es un gozo poderlo compartir, porque es un tesoro invaluable como ya lo mencioné, de tal manera que el precio de un libro impreso, pasa el tiempo y logras recuperar esa inversión; pero el contenido no tiene precio, empezando porque viene del corazón de Dios y planificó todo para que adquirieras Su bendición de la manera como la adquiriste.

Quizá haya duda respecto al por qué de las escuelas que Dios nos ha llamado a levantar; la respuesta es que es necesario llevar un orden estratégico y saber en qué momento entrar a la batalla por medio de la intercesión, entrar a la batalla por medio del equipamiento profético como también del equipamiento propiamente de guerra espiritual.

No puedes llegar al escenario de liberación sin saber qué hacer, por supuesto que el Espíritu Santo te dirige, pero debes agudizar tus sentidos espirituales para actuar oportunamente y poder decretar, estableciendo principios espirituales como en una corte judicial, con el propósito de poder echar fuera un espíritu inmundo; debes conocer incluso el momento para apelar sobre una sentencia que se ha decretado en otro nivel jurisdiccional, pero para todo eso es necesario ser conocedor de los ambientes que Dios permite tener la sensibilidad para no caer en las trampas del enemigo.

Recuerda que Satanás sabe de estrategias de guerra y las utiliza para procurar ganar terreno por medio del engaño y muchas otras cosas. Todo lo que Dios me ha permitido iniciar, tiene una razón de ser, no lo hago por llenar un espacio, sino que, es mi deseo complacer el corazón de Dios obedeciéndole cuando me pide específicamente que haga algo ministerialmente hablando y con mi vida en lo personal por supuesto.

Es por eso que, en lo que a mi persona y mi esposa respecta, obedecemos a la voz de Dios en dar de gracia lo que de gracia hemos recibido.

## CUARTO PRINCIPIO
## DAR MEJOR QUE RECIBIR

**Hechos 20:35** En todo os mostré que así, trabajando, debéis ayudar a los débiles, y recordar las palabras del Señor Jesús, que dijo: **Más bienaventurado es dar que recibir.**

Cuando das en lugar de pedir, estás demostrando tu verdadero amor. Si estás lleno de amor, transfieres de lo mejor que hay en ti porque buscarás que los demás tengan lo mejor de ti y aún más que eso, porque eso es amor.

- ✓ El amor verdadero se da mientras que la lujuria siempre pide.

- ✓ Cuando tu das, te dan más y más aunque no lo pidas porque estás demostrando el verdadero amor, el cual solamente lo puedes tener porque le permitiste a Dios que lo depositara en tu corazón.

Con este principio también puedo citar un versículo que es muy conocido por toda la cristiandad:

**Juan 3:16 (LBLA)** Porque de tal manera **amó Dios al mundo, que dio a su Hijo** unigénito, para que todo aquel que cree en El, no se pierda, mas tenga vida eterna.

Dios dio y lo hizo por amor.

## La Transferencia De Bendiciones

Ser un portador de bendiciones convierte a una persona en alguien con vida abundante lo cual puede venir por parte de los padres biológicos, por supuesto que viene de parte de Dios, pero es El quien lo pone en los padres biológicos para que sean ellos los canales directos para bendecir a los hijos e hijas. Esto es algo que se practicaba mucho en la antigüedad por el pueblo de Israel.

### Las bendiciones de los padres en la antigüedad

1. Recibir o no tener las bendiciones de los padres afectaría toda la vida.

2. En la medida que se recibían las bendiciones y cómo se recibían, afectaría toda la vida.

3. No ser bendecido significaba no tener la expectativa de bienestar en la vida.

Cuando los padres imponían manos a los hijos, los hijos estaban seguros que su bendición se haría realidad, estaban seguros que serían personas exitosas y se negaban al fracaso porque estaban seguros del principio de la transferencia de bendiciones.

Un ejemplo lo puedes ver cuando Isaac iba a bendecir a su primogénito y Jacob logra quedarse con la bendición porque sabía cuál era la repercusión una vez que su papá le impusiera manos para bendecirlo, aunque Esaú fuera el primogénito, pero la transferencia de la bendición de los padres es impresionante por la forma en que repercute sobre los hijos.

**Marcos 10:13-16 (LBLA)** Y le traían niños para que los tocara; y los discípulos los reprendieron. **14** Pero cuando Jesús vio esto, se indignó y les dijo: Dejad que los niños vengan a mí; no se lo impidáis, porque de los que son como éstos es el reino de Dios. **15** En verdad os digo: el que no reciba el reino de Dios como un niño, no entrará en él. **16** Y tomándolos en sus brazos, los bendecía, **poniendo las manos sobre ellos**.

En la antigüedad el hecho que un padre biológico no impusiera manos para bendecir a un hijo, producía disgusto en el hijo porque no se estaba cerrando el ciclo de la bendición la cual empezaba con darles la vida biológica, darles los nombres y darles las bendiciones.

- ✓ El ministerio de la bendición es cuando recibes la bendición de tus padres que aprobaron esa transferencia.

- ✓ La bendición de los padres es como certificar una aprobación y no bendecirles es como reprobarlos.

En la cita anterior, Jesús estaba diciendo en ese momento que El llevaba la bendición del Padre, tenía Su aprobación y estaba dando de gracia lo que de gracia había recibido por eso les imponía Sus manos.

# Los Sistemas Espirituales

# Capítulo 2

Debes estar consciente que, hablar de guerra espiritual no es tener un semblante de alguien con mal carácter y que esté vociferando en contra de Satanás, no es eso solamente, podría tener lugar pero no es el punto básico para librar una guerra espiritual.

Por esa razón es que Dios me ha llamado a que enseñe lo concerniente a guerra espiritual y sus multifacéticas formas de ataque de las tinieblas por lo sutil que de pronto puede transformarse; por eso es que este libro lleva como enseñanza principal todo lo concerniente en medio de las transferencias que tienen lugar en medio de la imposición de manos.

Es por eso que en el capítulo anterior estuve enseñándote acerca de cómo funciona un vector o emisor y cómo puede tener lugar un receptor; aunque en determinado momento seas tú quien imponga manos, si no has vivido puro, si no has cuidado tu vida en santidad; tu espíritu estará débil y en lugar de fungir como vector o emisor, terminaras siendo receptor de las cosas negativas de la persona a la que le estés imponiendo manos.

Lo que desarrollaré en este capítulo y por el nombre que Dios me permitió asignarle, parecería que no tiene mucha relación con el mundo espiritual, sin embargo los sistemas espirituales en lo que me enfocaré, es por lo sutil y bien estructurado que tienen todo su ataque hacia el pueblo de Dios.

Otro punto que debes tener presente es que, cuando Satanás lanza un ataque, no está practicando, no está jugando, no lo hace por molestar a una persona, sino que, su propósito principal es destruir por completo y de ser posible esclavizar hasta matarla, pero todo bajo un sistema espiritual, bajo lo que te he enseñado oportunamente, **modus operandi** en los cuales hay una planificación de las tinieblas en contra de la Iglesia de Cristo; es una planificación con estrategias de guerra que, si no estás debidamente equipado y advertido, puedes terminar siendo presa del adversario.

Es por esa razón que, si te esfuerzas en estudiar lo que te estoy enseñando en esta oportunidad, más aún; si logras estudiar cada uno de mis libros anteriores a este, no serás engañado sin importar lo sutil que pueda ser el ataque. Te digo esto porque en las transferencias, como ya lo mencioné, en lugar de estar funcionando como un vector y si el adversario logra detectarlo; se proyectará en transmitir todo tipo de contaminación espiritual hacia tu vida.

Esto tiene lugar porque existe una senda de contaminación que el enemigo, por la complejidad que posee; puede llegar a la vida de una persona y que sin poderlo detectar, estará respondiendo sin saberlo, a favor de las tinieblas. De tal manera que, una de las razones por las que el enemigo usa el medio de las transferencias, es porque Satanás busca que se le cedan derechos y así toda contaminación entre a una vida para hacer destrozos sin que haya como detenerla por la falta de pureza o santidad a Dios.

Por esa razón es que el Apóstol Pablo le menciona a Timoteo la importancia de mantenerse puro porque el enemigo puede llegar con mucha sutileza, y sin importar el nivel espiritual en el que creas estar, levantará una batalla sigilosamente en contra tuya.

**1 Timoteo 5:22 (LBA)** No impongas las manos sobre nadie con ligereza, compartiendo así la responsabilidad por los pecados de otros; **guárdate libre de pecado.**

Esta es la recomendación en la base que existe la posibilidad de una transferencia que venga a afectar la posición o nivel en la que estás, el fluir espiritual que estés desarrollando y todo aquello que Dios te ha permitido alcanzar; debes cuidarlo viviendo en santidad para que no se vea afectado por una transferencia espiritual negativa, sino que en lugar de afectarte, la santidad que hayas alcanzado sea la que permita que el Espíritu Santo neutralice ese ataque a tu vida.

El problema radica entonces en que en el momento de la **TRANSNEUMIGRATION**, debes saber que la persona que está necesitada de la imposición de manos para una oración o ya sea por una liberación de espíritus; la persona estará con cualquier clase de contaminación y si no estás debidamente fortalecido espiritualmente hablando, lo más seguro es que, en lugar de ver una liberación, en lugar de una erradicación de espíritus, se verá una expansión, un contagio espiritual; toda clase de males que está en una persona puede ser trasladado hacia ti, pero entonces el punto es que por falta de conocimiento, las cosas se pueden volver hacia ti.

Todo lo expuesto hasta este momento fue en conclusión lo que ya leíste en el capítulo anterior y que estuve enfocado básicamente en la imposición de manos. En este capítulo me enfocaré en explicar otras formas y concepto de transferencias espirituales razón por la cual lo titulé los sistemas espirituales, bajo el punto de vista de las transferencias y que dadas las situaciones, me enfocaré en lo siguiente:

## Las Relaciones Sexuales

Lamentablemente la mayoría de personas no tienen el concepto claro de lo que esto conlleva por cuanto es necesario verlo desde el punto de vista físico, bíblico y espiritual porque la unión de 2 personas al momento de sostener relaciones sexuales, va mucho más allá de un momento de emoción o de placer.

Por supuesto que lo digo en la base de la declaración que se menciona, tanto en Génesis como en los evangelios, aún en las epístolas escritas por el Apóstol Pablo aunque con una extensión más cuando dice: **...lo que Dios unió, no lo separe el hombre...** eso me deja ver entonces que no se trata solamente de relaciones sexuales lícita, es más que unir 2 cuerpos.

Lo que estoy diciendo entonces es que, debe cuidarse la transferencia que surge en aquel momento, lo cual se llega a considerar entonces como una sola carne, un mismo sentir, etc., de tal manera entonces que, la relación sexual es un sistema físico y espiritual que transfiere de una persona a otra, más de lo que no puedes imaginarte.

Lo digo de esta manera porque aunque no hayas visto algo, puedes llegar a tener una imaginación extrema quizá pero siempre en la base de lo que ya conoces. Esto va más allá de eso, por eso digo que es algo que va más allá de lo que no puedes imaginarte.

Entonces es más que transferir emoción y sentimientos, más que transferir una semilla para la multiplicación de la descendencia; por eso es importantísimo que sepas lo que significa el hecho de llegar a ser una sola carne.

## ¿QUÉ SUCEDE EN LA RELACIÓN SEXUAL?

- ✓ Unificación de espíritus.

- ✓ Uno de los 2 se sumerge en el mundo del otro, el más débil en el mundo del más fuerte.

No estoy diciendo que el hombre es el que va a predominar porque por naturaleza es más fuerte, sino que, aquí debes ver las cosas desde otra perspectiva.

De tal manera que cuando es una relación ilícita teniendo relaciones sexuales, se unifican los 2 espíritus y el más débil se ve afectado por el otro.

- ✓ Se pacta genitalmente (más adelante explicaré este punto).
- ✓ Se liga o ata en el alma también.
- ✓ Se recibe y se dan las influencias o contaminaciones de previas relaciones.

Para ejemplificar este último punto, tomaré el hipotético caso de una pareja que mantenía relaciones sexuales ilícitas, 1 casado y el otro no o quizá ambos casados por su lado pero cometiendo adulterio. No eran cristianos, no tenían temor de Dios en sus corazones; mientras sostienen su relación, están trasladándose la contaminación de todas las relaciones anteriores a esa última sin importar si fue el hombre o la mujer el de mayor contaminación.

Es como si alguien es receptor de todo tipo de enfermedades y ha contagiado así como ha sido contagiado y cada vez se le agregan más enfermedades. De pronto llega con alguien que quizá es la primera vez que tiene una aventura fuera del matrimonio, pero como no sabe que la persona con la que está sosteniendo una relación ilícita, ha cometido muchos adulterios; le está transfiriendo toda clase de males espirituales que ha traído de cada relación que tuvo durante toda su vida.

Otro ejemplo que puedo citar es el hecho que en muchos de los países latinoamericanos, cuando un joven empieza en la adolescencia, su papá lo lleva a un lugar para que pueda tener su primera experiencia sexual pero lo hace con una mujer que se dedica al oficio sexual, de eso vive y no le importa quién sea con tal de recibir su pago.

En ese momento aquel joven adolescente recibe toda la contaminación que la mujer ha acumulado durante los años que tenga de estar practicando ese oficio. En una sola relación sexual fue contaminado de muchas cosas que a su vez, trasladará a otra mujer y esa mujer a su vez le trasladará lo que tenga en calidad de contaminación, etc.

Al final, el día que contrajo matrimonio aquel joven que ya maduró un poco, transferirá a su esposa toda aquella contaminación que acumuló durante años quizá, en la primera noche que duerman juntos mientras estén teniendo relaciones sexuales, aunque su esposa sea la primera vez que tiene relaciones sexuales.

### La Ley Espiritual de La Transferencia Sexual

Permíteme explicar el proceso conceptual de la transferencia sexual en los siguientes pasos:

1. Todo el tiempo que una persona decide tener relaciones sexuales con otra, parte de esa persona es liberada dentro de la otra persona, dejando así un vacío en la persona que libera primero. Ambas personas son vaciadas y quedan con cierto vacío.

2. Ese vacío que queda, es lleno a la misma vez con parte de la otra persona, es decir, que ambos son llenos en alguna parte de su personalidad; eso es la esfera almática. Aunque es un tema muy complejo y extenso de explicar, puedo decir que de esa forma es como surgen las alma gemelas en el vaciado y llenado a la vez; una persona se vacía para ser llenada de su cónyuge, es de doble vía.

El problema es cuando el acto sexual es ilícito, porque esto surge de igual forma, es entonces cuando se empieza con problemas de sentirse atado a una persona que no le corresponde, sencillamente porque una dominó más que la otra y la que dominó puede ser dominada por otra persona con la que tenga relaciones sexuales y así de esa manera puede surgir un árbol de pecado.

Esta es la razón por la cual muchos matrimonios tienen problemas serios aunque ambos hoy sean cristianos y Dios los haya perdonado, porque ciertamente así es, pero toda causa tiene un efecto, de tal manera que ese tipo de situaciones se deben trabajar en pos de alcanzar una total y verdadera libertad en el alma que quedó atada a otra que no es su cónyuge. Por eso dice la Biblia lo siguiente:

**Romanos 6:12-13 (LBA)** Por tanto, **no reine el pecado en vuestro cuerpo mortal** para que *no* obedezcáis sus lujurias; [13] ni presentéis los miembros de vuestro cuerpo al pecado *como* instrumentos de iniquidad, sino presentaos vosotros mismos a Dios como vivos de entre los muertos, y vuestros miembros a Dios *como* instrumentos de justicia.

Entonces lo primero que debe haber en alguien que entrega su vida a Jesús, es que el pecado no reine en su vida, pero por otro lado también dice la Biblia:

**Romanos 7:20-23 (LBLA)** Y si lo que no quiero *hacer*, eso hago, ya no soy yo el que lo hace, sino **el pecado que habita en mí**. [21] Así que, queriendo yo hacer el bien, hallo la ley de que el mal está presente en mí. [22] Porque en el hombre interior me deleito con la ley de Dios, [23] pero veo otra **ley en los miembros** de mi cuerpo que hace guerra contra la ley de mi mente, y me hace prisionero de la ley del pecado que está en mis miembros.

Cuando Jesús te rescató de las tinieblas, anuló la operación de error, toda maldición que había sido dictada en contra de tu vida, pero la práctica del pecado que dejó una huella en tu alma, debe ser trabajada por ti a manera de desarraigar toda vinculación contraria y la nueva vida a la que hoy perteneces en Cristo Jesús sea totalmente liberada, es como hacer totalmente efectivo un documento a favor tuyo, ya empezaste pero debes completarlo. Debes trabajar entonces en pos de esa libertad y en la medida que lo hagas, alcanzarás un nuevo nivel de vida espiritual y serás cada vez más fortalecido.

El matrimonio se instituye entonces en virtud que, en el momento de ese vaciamiento y llenura de un cónyuge con el otro, se concretará lo escrito en la Biblia al llegar a ser una sola carne y que nadie los separará; pero insisto, si uno de los cónyuges tuvo una vida desordenada en el mundo, debe trabajar en pos de anular la ley en sus miembros que hoy lo puedan tener arraigado.

**3.** Por lo tanto, si la personalidad de uno de los 2 es más dominante que la otra; esa persona ejercerá más influencia sobre la otra.

**4.** Por ejemplo: si es avaro, es enojado, es depresivo, es débil, es mentiroso, es lujurioso o tal vez amoroso, gozoso, etc., va encontrarse que cada día irá perdiendo parte de su personalidad y comenzará a sumergirse en el mundo de la otra persona.

**5.** Uno de los 2 vendrá a ser el reflejo de un espíritu dominante que fue transferido a través de una relación íntima.

**6.** En una relación íntima no es solamente el peligro de la enfermedad venérea, eso lo dejó Dios para que el hombre tuviera límites; lo que realmente Dios está buscando es impedir la contaminación de espíritus. Para este punto tengo muchas bases bíblicas que lo comprueban porque ahora no se trata solamente de una contaminación física, sino algo que puede repercutir en la esencia de tu vida, en tu espíritu humano, observa:

**Proverbios 6:26-29 (LBME)** …porque por una prostituta el hombre es **reducido a un bocado de pan** *(1. problemas financieros)*, y la mujer ajena **caza una vida valiosa** *(2. atadura del alma)*. ²⁷¿Tomará el hombre fuego en su seno **sin que se quemen sus vestidos?** *(3. decadencia física o salud)* ²⁸ ¿Andará el hombre sobre las brasas **sin que se le quemen los pies?** *(4. eufemismo problemas de* *disfunción sexual)* **²⁹** Así sucede con el que se enreda con la mujer de su prójimo; **no quedará impune** ninguno que la toque *(5. batallará con la acusación y otras consecuencias).*

**Proverbios 6:26-29 (AMP)** Porque por causa de la prostituta uno es reducido a un pedazo de pan [para ser comido], Y la mujer inmoral caza [con un anzuelo] la preciosa vida [del hombre]. **²⁷** ¿Puede un hombre llevar fuego a su pecho y no quemar su ropa? **²⁸** ¿O caminará el hombre sobre brasas sin que se le quemen los pies? **²⁹** Así es el que va a la mujer de su prójimo; Quien la toque no será declarado inocente ni quedará impune.

Básicamente a lo que me refiero en forma directa es a lo siguiente:

- ✓ **Problemas financieros** causados por una prostituta.

- ✓ **Atadura en el alma** esto es causado por una mujer que, quizá no es prostituta bajo el prototipo que se puede considerar como tal, pero es una mujer ajena.

- ✓ **Decadencia física o de salud** que tiene lugar entonces, no solamente en el ámbito espiritual y almático, sino también en lo físico con enfermedades venéreas.

✓ **Disfunciones sexuales** lo cual no es más que llegar a los extremos, por un lado disfunción y por el otro con problemas de lujuria o lascivia. Obviamente que no estoy refiriéndome solamente a que es el hombre quien tiene ese tipo de problemas, también la mujer y tener los mismos problemas que ya describí.

✓ **Batallas con la acusación** por estar acarreando pecados de tipo sexual a su matrimonio.

7. La relación sexual ilícita es una forma de intoxicar el sistema de los hombres y las mujeres, es intoxicar las semillas que está en los lomos en el caso de los hombre y los vientres en el caso de las mujeres.

8. Para desintoxicar a una persona contaminada en una transferencia a consecuencia de una relación sexual ilícita; tan solamente una experiencia puede tardar varios años para descontaminarse y esto solamente se logra a través de liberaciones hasta que ya no existan influencias ni recuerdos de la otra persona.

Ahora me estoy refiriendo a la representación de la memoria, es decir, en lo que ha quedado en la mente de la persona por los momentos que vivió con alguien que no era su cónyuge, lo cual es producto de la falta de liberación, falta de ministración al alma, si no se ha buscado la sanidad interior de esa etapa de la vida.

Como puedes notar, uno de los grandes problemas por lo que la humanidad está atravesando desde la caída del hombre, es el pecado de tipo sexual a manera de destruir desde el cuerpo hasta matar el espíritu humano, transferir esa operación de destrucción de una persona a otra o de una persona a familias enteras.

La humanidad actual ha caído en la trampa de Satanás, al punto de no considerar el pecado de tipo sexual como tal, sino que lo ven como una necesidad fisiológica, lo cual es cierto, pero el engaño de las tinieblas ha sido tal, que incluso la gente cree que está justificado por Dios, ciertamente El lo instituyó pero no de manera ilícita sino que cada persona debe tomar a su pareja en santidad, el hombre a su mujer, la mujer a su marido. Las relaciones sexuales son un deleite dentro del matrimonio y un pecado fuera del matrimonio.

Por eso hay consecuencias muy lamentables cuando existen relaciones sexuales ilícitas, entiéndase con esto que si alguien es soltero, no está autorizado por Dios para practicar relaciones sexuales con ninguno, de ninguna forma, menos aún ver pornografía; recuerda que estás llamado a ser santo como lo es Dios.

Por eso los patriarcas se guardaban de poner su semilla por primera en una mujer, era por el significado de lo que es un primogénito; se guardaban para que su primogénito fuera el principio de su vigor, que en su primogénito se mantuvieran los sueños, anhelos, la visión, revelación de cosas de Dios que los patriarcas no habían podido alcanzar por cualquier razón.

9. Nadie puede pensar que es fácil caminar y olvidarse de la noche a la mañana, una vez que se ha hecho la conexión, la semilla dominante ha sido sembrada, regada y nutrida con cada encuentro.

En resumen, la sexualidad que les transmite placer temporal, deja o transmite espíritus inmundos que contaminan la genética de los individuos, esto es precisamente la trampa de Satanás, es su operación de error, es el modus operandi desde el punto de vista sexual para ser un medio transmisor de espíritus inmundos y contaminar la genética de cada persona y que vaya de generación en generación.

## SIGNIFICADO DE RELACIÓN

Es el estado de ser relacionado o interrelacionado, la relación conecta, es el atar de participantes.

Sin embargo, el término apropiado de la relación sexual, es intercambio sexual donde quedan atrapados de manera impía sexualmente hablando.

**Génesis 34:1-3 (RV60)** Y salió Dina, la hija de Lea, a quien ésta había dado a luz a Jacob, a visitar a las hijas de la tierra. ² Y cuando la vio Siquem, hijo de Hamor heveo, príncipe de la tierra, se la llevó y se acostó con ella y la violó. ³ **Y adhirióse de alma a Dina**, la hija de Jacob; y amó a la joven y habló al corazón de la joven.

**Génesis 34:3 (BTA 2003) Quedó su corazón ciego y extremadamente apasionado** por esta joven, y viéndola triste procuró ganarla con caricias.

Por supuesto que fue una violación con lo cual pueden surgir muchas preguntas, pero el punto es lo que sucedió con el alma de aquella persona al tener relaciones sexuales antes del matrimonio;

puedes ver que el alma del Siquem quedó atrapada a Dina emocionalmente.

Otras referencias bíblicas que llaman mucho la atención son las siguientes:

**1 Corintios 7:1-5 (LBA)** En cuanto a las cosas de que me escribisteis, bueno es para el hombre no tocar mujer. **2** No obstante, por razón de las inmoralidades, que cada uno tenga su propia mujer, y cada una tenga su propio marido. **3** Que el marido cumpla su deber para con su mujer, e igualmente la mujer lo cumpla con el marido. **4** La mujer no tiene autoridad sobre su propio cuerpo, sino el marido. Y asimismo el marido no tiene autoridad sobre su propio cuerpo, sino la mujer. **5** No os privéis el uno del otro, excepto de común acuerdo y por cierto tiempo, para dedicaros a la oración; volved después a juntaros a fin de que Satanás no os tiente por causa de vuestra falta de dominio propio.

**1 Corintios 6:15-16** ¿No sabéis que vuestros cuerpos son miembros de Cristo? ¿Tomaré, acaso, los miembros de Cristo y los haré miembros de una ramera? ¡De ningún modo! **16** ¿O no sabéis que el que se une a una ramera **es un cuerpo con ella**? Porque El dice: **LOS DOS VENDRAN A SER UNA SOLA CARNE**.

Cuando la Biblia se refiere a una sola carne, no está refiriéndose al hecho de una unión física en el momento de sostener relaciones sexuales, sino que es algo que va más allá.

**2 Corintios 7:1 (LBA)** Por tanto, amados, teniendo estas promesas, **limpiémonos de toda inmundicia de la carne y del espíritu**, perfeccionando la santidad en el temor de Dios.

El punto interesante en este versículo es el hecho del llamado a la limpieza de la carne y del espíritu; de tal manera que en el idioma griego, como en el español, hay diferentes palabras para referirse al ser tripartito:

1. Cuerpo: Soma (G4983)

2. Alma: Psuche (G5590)

3. Espíritu: Pneuma (G4151)

Ahora bien, en **1 Corintios 6:16**, en la parte final está la palabra **CARNE**, la cual el el idioma griego se pronuncia **SARX (G4561)** haciendo énfasis entonces que esa palabra lo que significa es **CUERPO Y ALMA**.

Entonces ya expliqué que en una relación sexual se unifica el espíritu del hombre con el espíritu de la mujer, obviamente que el cuerpo también se une. Lo interesante es que no es solamente el cuerpo o la carne la que se une, sino que también el alma, razón por la cual en determinado momento la gente tiene grandes conflictos en su alma por la contaminación que llegaron a alcanzar en una relación sexual ilícita, me refiero, antes del matrimonio o fuera del matrimonio, lo cual son 2 cosas diferentes.

Pero el punto principal al que quiero llegar es que puedas ver cómo es que se llega a la transferencia por medio del aspecto sexual; no debes dejarte engañar por Satanás que pretende hacer creer a la humanidad que, si bien es cierto que Dios dejó el sexo como un deleite para la humanidad, también hay una ley que se debe cumplir. Recuerda que hoy no estás bajo la ley del Antiguo Testamento, el Señor Jesucristo vino para libertarte pero eso no significa que vivas como un inicuo el cual es el único que vive sin ley. Hoy estás bajo la ley de la libertad.

Por eso dice la Biblia que todo te es lícito, pero no todo te conviene; te es lícito el sexo con una mujer pero dentro del matrimonio, debes contraer matrimonio con ella, debes tener un amor genuino en el que veas por ella antes que por ti; por eso Jesús murió por la Iglesia para que ella pueda vivir. Jesús es el esposo y la Iglesia Su esposa, ambos deben cuidarse. El Señor Jesucristo no tiene ningún problema porque El es santo, pero la Iglesia de Cristo debe perseverar en la santidad, guardarse para su amado, el Señor Jesucristo.

Resumo este último punto diciendo entonces que hay forma de contaminación en el espíritu humano y forma de contaminación en el alma, en ambos casos es a través del cuerpo. Aquí no hay lugar para aquello que dice que solamente el cuerpo peca y que el espíritu y el alma se mantienen intactos; la contaminación que entra por medio de la carne contamina el espíritu humano y el alma, de tal manera, como ya lo mencioné; en una relación sexual ilícita se transmiten los problemas, batallas, emociones, caracteres de bueno a malo y de malo a bipolar que también es algo dañino obviamente, etc.

## El Sistema o Los Puntos De La Transferencia

Cuando Dios creó al hombre y a la mujer, los hizo de una manera muy importante por eso cuando vienen a existir en este mundo, ambos vienen vírgenes porque en el primer momento de relación sexual que puedan tener, se rompe un filamento, surge sangre y de alguna forma puedo decir que es como un pacto el que se está llevando a cabo dentro del matrimonio.

Recuerda que Dios siempre ha utilizado la sangre para pactos, de tal manera que si El hace pactos de esa manera y tú fuiste creado a imagen Suya, entonces también habrá pactos por medio de la sangre que realices con repercusiones inexplicables que tendrán lugar aunque lo hayas ignorado; ahí es donde se cede el derecho por medio del pacto que surge en aquel momento.

Entonces, tanto el hombre como la mujer vienen vírgenes a la Tierra, el órgano viril del hombre está compuesto por miles de vasos sanguíneos, eso determina que, tanto el órgano sexual del hombre y de la mujer son órganos sanguíneos. Por eso, cuando un hombre tiene contacto sexual por primera vez con una mujer virgen, lo primero que los involucra a ambos es la sangre. Es imposible, de acuerdo a lo que Dios dejó establecido en la Biblia, que se lleve a cabo una consumación sin sangre.

Si analizas por un momento esta situación, puedes obtener entonces la respuesta del por qué hay personas que están más contaminadas que otras, la razón es por la sangre, por la transferencia de contaminaciones de una persona con otra y luego con otra, sin saber que en cada relación se desconoce cuantas contaminaciones trae cada persona que está cometiendo pecado de tipo sexual.

Obviamente que esto es sin mencionar las aberraciones en las que ha caído la humanidad cuando tienen relaciones sexuales, no solamente fuera del matrimonio, sino que, con otro ser que no es el que le corresponde, me refiero de un hombre con una mujer que viene a catalogarse como relaciones entre humanos, aunque bajo la condicionante que debe ser en el matrimonio; al referirme a las aberraciones que hoy se comenten me refiero a las relaciones sexuales con animales.

## ¿Por qué Es Importante La Sangre En El Pacto?

Porque en la relaciones sexual, no se trata solamente de un deleite, sino que, atrás de ese deleite lo que surge es una unión de sangre, un pacto de sangre.

**Levítico 17:11 (LBA)** Porque **la vida de la carne está en la sangre**, y yo os la he dado sobre el altar para hacer expiación por vuestras almas; porque es la sangre, por razón de la vida, la que hace expiación.

Para mucha gente el pecado de tipo sexual en el matrimonio, entiéndase el adulterio como tal, no involucra solamente a 2 personas, en el caso de una soltera y uno que sea casado, sino que, por lo menos involucra a 1 persona más, es el cónyuge del que está casado.

Aunque si el adulterio es con 2 personas casadas y cada una tiene su cónyuge; esa persona que está legalmente casada e inocente del adulterio en el que anda su cónyuge, en el momento de tener relaciones sexuales con su cónyuge, es contaminada o contaminado, depende de quien sea el que esté cometiendo el adulterio; todo el adulterio entró al hogar por uno de los cónyuges y obviamente el otro es contaminado también, de tal manera que podría surgir que por esa contaminación, el cónyuge que hasta ese momento fue inocente, caiga en el mismo pecado, porque su cónyuge le abrió la puerta a ese espíritu de las tinieblas.

Quizá el cónyuge que fue engañado en algún momento sospeche de la situación y sea fuertemente movido o movida a caer en el mismo problema; podría ser que no se entere pero por la contaminación de la que fue víctima, de pronto empiece a sentir un fuerte deseo sexual por alguien cercano que no es su cónyuge; todo eso tiene lugar por la contaminación que llevó su cónyuge a su casa.

Por supuesto que si el cónyuge que fue víctima del engaño es una persona cristiana y decide llevar esa fantasía o esa batalla a los pies de Cristo para ser liberado o liberada; alcanzará la restauración y de alguna manera puede ser el vaso que Dios use para la restauración de su cónyuge y que aquella persona, aunque esté contaminada; Dios le permita ser libre de aquella relación ilícita y entrar en un proceso de restauración, no sólo en lo personal, sino que, restauración de su matrimonio que de una u otra forma se vio afectada.

Es de suma importancia que, si en algún momento llega a la mente una fantasía sexual que esté pretendiendo llevarte a un adulterio, lo lleves a los pies de Cristo, en caso contrario el enemigo podría detectar esa lascivia o lujuria y propiciar un escenario para que caigas deliberadamente.

Oportunamente he enseñado que, los adulterios se puede transmitir por medio del corazón, de hecho la Biblia así lo deja ver:

**Marcos 7:21-23 (LBA)** Porque de adentro, del corazón de los hombres, salen los malos pensamientos, fornicaciones, robos, homicidios, **adulterios**, 22 avaricias, maldades, engaños, sensualidad, envidia, calumnia, orgullo e insensatez. 23 Todas estas maldades de adentro salen, y contaminan al hombre.

Si a esto le añado que, como lo he enseñado oportunamente, el corazón tiene un campo magnético 5 mil veces más fuerte que la mente y que tan solamente a 5 pies de distancia entre una persona y otra, se puede dar una contaminación por transferencia de pecado de adulterio, lo cual originalmente lo estuvo maquinando en su mente haciendo los detalles de su fantasía hasta que finalmente lo lleva a su corazón, estando ahí el enemigo lo puede detectar por las actitudes que demuestra y propiciarle el escenario que desea tener, cayendo así en un adulterio producto de una contaminación, ya sea producto de la infidelidad de su cónyuge o de otra persona que tiene ese mismo problema en su corazón y que, por la debilidad de espíritu podría transferir aquella situación.

Obviamente que la persona que lleva en su corazón la disposición de contaminar a otra por medio del campo magnético de su corazón, es porque tiene serios problemas de tipo sexual, tuvo transferencias de las cuales nunca supo que se haría acreedor y ahora las lleva disponibles para contaminar a otro que esté siendo víctima; en ese caso se tiene entonces una sincronización energética de ese campo magnético que viene del corazón con lo cual Satanás aprovechó ambos escenarios para crear una sinergia negativa que a su vez podría crear lo mismo de lo que fue víctima para hacer caer a otros.

Todo esto es lo que el enemigo puede propiciar aprovechando la debilidad y contaminación de una o varias personas; pero aun falta ver lo que sucede si el cónyuge inocente empieza a sospechar del adulterio del otro cónyuge, porque entonces el enemigo empieza a trabajarlo por medio de un espíritu de venganza para caer en el mismo escenario y si a todo esto le añado que puede haber hijos e hijas en el hogar; aún ellos puede estar siendo contaminados por toda aquella situación y que reciban una herencia ancestral de pecado para crear su propio escenario cuando sea el momento.

Hoy día muchos de los problemas en los matrimonios es por la transferencia de espíritus que hay en medio de una relación ilícita de tipo sexual, porque al final hacia eso es a donde el enemigo conduce a las personas fuera de Cristo, relaciones sexuales ilícitas.

Una vez que ha pasado todo aquel problema, si el cónyuge que cometió la falta no busca ayuda, no confiesa para verdaderamente apartarse del pecado y así alcanzar misericordia; empieza a vivir en un tormento porque sabe que si abrió la puerta, su cónyuge inocente, puede cruzar el mismo umbral y cobrar lo que le hizo su cónyuge.

## El pacto de sangre es un cortar

No hay otro pacto más fuerte que el pacto de sangre, eso significa que la única manera de romper ese pacto es sólo con la muerte. Por eso Dios deja la oportunidad en cada Santa Cena para que nos acerquemos a El estando a cuentas, habiendo confesado todo tipo de pecado, porque con la sangre de Jesús derramada en la cruz del calvario, si reconoces el poder de Su sacrificio, el poder de Su sangre; con Su muerte habrás sido librado, pero es necesario que sea algo verdadero porque si lo haces como un rito, como una costumbre, como algo que todos hacen y que tú también lo haces, tendrás fuertes consecuencias.

## La sangre establece un pacto

Muchas personas hoy en día tienen grandes problemas en sus matrimonios por causa de previas relaciones que tuvieron fuera del matrimonio, porque simbólicamente están pactados con otra sangre. Por eso, la renovación de votos matrimoniales y la bendición ministerial a una pareja sirve para anular todo ese tipo de experiencias que ambos pudieron vivir en su vida pasada sin Cristo, las cuales hicieron en ignorancia de estos principios.

# Los Conflictos De La Transferencia

## La proyección psicológica

Es un mecanismo de defensa por el que una persona atribuye a otras sus propios defectos. El individuo atribuye a otros sus carencias, defectos, incluso hasta sus propias fallas, errores y pecados.

Por ejemplo: quien es incapaz de enfrentar sus emociones, conflictos y estados anímicos internos convulsos, entonces los vuelca sobre los demás en forma de críticas y dinámicas dañinas; es decir, que el defecto lo tienen otros, pero nunca él o ella misma.

Si puedo ejemplificar gráficamente lo que es una proyección psicológica, diría que es lo siguiente:

Hermann Hesse (1919), expresaba algo parecido a la teoría de la proyección como un mecanismo de defensa, y lo hizo con la siguiente frase:

*Cuando odiamos a alguien, odiamos en su imagen algo que está dentro de nosotros.*

Dicho en otras palabras, cuando alguien acusa a una persona o le está señalando una situación de carácter sexual pero es solamente una sospecha; solamente está manifestando la acusación que lleva por dentro, pero entonces esas son batallas que se viven en el plano de aquella contaminación de transferencia de tipo sexual.

Como lo mencioné anteriormente, uno de los indicadores de alguien con problemas de tipo sexual es que su economía está dañada; no estoy diciendo que alguien con problemas financieros anda en adulterio, porque ese tipo de problemas tiene muchos orígenes, sin embargo el adulterio lleva a problemas de tipo económico porque entonces hay una fuga en el matrimonio, en el hogar; en lugar de enfocarse en proveer para su casa, está gastando en otras cosas y para cubrir su casa tiene que buscar otras fuentes financieras lo cual hace que se empiece a caer en deudas descontroladas.

También existe el mal carácter como un indicador de alguien con problemas de tipo sexual porque su alma se manifiesta como atrapada en su propia casa con su propia familia, siente una fuerte atracción a estar con la persona con la que está cayendo en adulterio y al verse imposibilitado, se manifiesta con mal carácter, todo le molesta, no quiere saber nada de su familia, etc.

Por esa razón es que se necesita de la ministración al alma pero en un lugar donde verdaderamente se tenga temor de Dios para no estar divulgando la ministración ni se esté usando nada de lo que se habla en la ministración para después estar acusando a la persona. La persona que esté necesitada de una verdadera y total ministración del alma, debe dejarse llevar por el Espíritu Santo y saber que en aquel lugar debe haber ética, temor de Dios, donde haya equipamiento, donde haya una formación en la ministración al alma, liberación, sanidad interior y no solamente sea una persona escuchando a otra, cuando quizá quien escucha tenga problemas de murmuración.

Hoy día se escucha por muchos lugares que hablan de liberación y sanidad interior pero no tienen ni a mínima idea de cuál es la diferencia, todos pueden tener la teoría pero no quieren entrar al campo de la práctica porque no saben qué hacer en cada situación.

En la sanidad interior no habrá liberación de espíritus inmundos, sino que, hay que sanar los traumas, heridas, hay que tratar con los agujeros en el alma, hay que tratar con brechas generacionales, hay que tratar con depresión, ansiedad, hay que tratar con batallas mentales, etc., es diferente a una liberación.

Otros hablan de ministración al alma y ni siquiera saber lo que es en la práctica, conocen la palabra y saben que significa auxilio, cuando la realidad es que ministración del alma es llevar a la persona por el Espíritu de Dios, al pasado para encontrar la raíz del problema pero eso no puede ser algo que tenga lugar a la fuerza, sino con la colaboración de la persona que voluntariamente está reconociendo y hablando de las cosas que le han sucedido o que ha hecho negativa o ilícitamente; es poder traspasar los tiempos: pasado, presente y futuro, pero insisto, con la colaboración de la persona, dando a conocer su historia, eso es ministración al alma.

Uno de los libros que Dios me permitió escribir hace muchos años, y aún hoy es muy solicitado por su contenido es: **LA INGENIERIA DEL ALMA IMPÍA**. Solamente en un capítulo, por mencionar su nombre, **La Atadura Formada Por La Actividad Sexual Ilícita**, me refiero a mucho de la transferencia de espíritus por relaciones sexuales ilícitas que, como ya lo has visto a lo largo de este capítulo y en realidad todo el libro está enfocado al problema que surge por las transferencias; tiene repercusiones devastadoras que solamente el poder de Dios puede ayudar, pero es necesario que haya confesión de los pecados que estén destruyendo la vida de alguien, eso tiene un segundo paso el cual es apartarse del pecado y como consecuencia verá la actitud del corazón arrepentido y Dios derramará misericordia permitiendo la restauración de aquella vida.

La cristiandad por mucho tiempo a sido consciente de que existen las transferencias espirituales, sin embargo por no ahondar en el tema, se desconoce qué tan devastadora puede ser, no se tiene el concepto de las formas y medios de cómo las tinieblas con mucha sutileza trabajan para engañar a toda la humanidad, en especial a la cristiandad, razón por la cual nos ha parecido bien, como dice la Biblia, al Espíritu Santo y a nosotros juntamente con mi esposa, estudiar a profundidad el tema de las transferencias espirituales, enseñarlas por los diferentes medios a mi alcance lo cual incluye el libro que hoy estás leyendo y estudiando.

De aquí puedo decir entonces que si Dios ve el interés en tu corazón para aprender, no solamente de este matiz espiritual, sino todo lo que debes avanzar en cuanto a conocimiento y práctica de lo que Dios desea que tengas como parte del equipamiento de un guerrero espiritual, se cumplirá lo escrito en **Juan 8:32 ...y conoceréis la verdad, y la verdad os hará libres.** Pero debo insistir en que no solamente se trata de tener el conocimiento, sino que, como los hijos de la tribu de Isacar, eran expertos en discernir los tiempos y en saber qué hacer (**1 Crónicas 12:32**), esto me lleva a pensar entonces que, si bien es cierto el conocimiento es indispensable que lo tengas, también debes saber cómo aplicar los principios de guerra espiritual y obviamente ponerlos en práctica.

De tal manera que entre más conocimiento tengas, más práctica debes tener también, tus sentidos espirituales se agudizarán cada vez más y podrás discernir los ambientes que se muevan cuando haya una estrategia de las tinieblas planificando un ataque, no solamente en contra tuya, sino que, cuando sea necesario que salgas en pos de ayudar a otra persona, tendrás esa sensibilidad como producto de lo que el Espíritu Santo está obrando en ti, pero también porque hubo un interés en conocer y practicar lo que se debe hacer en cada momento, logrando así una efectividad total en un ataque o contraataque de lo que las tinieblas estén fraguando o hayan realizado porque llegarás a conocer su modus operandi, las leyes espirituales o los principios que rigen en cada una de las maneras que las tinieblas utilizan para promover sus operaciones de maldad.

En los capítulos anteriores tuviste la oportunidad de estudiar y aprender acerca de los siguientes tópicos:

1. La imposición de manos.
2. Las relaciones sexuales ilícitas.

En este capítulo aprenderás acerca del **sistema de transferencia llamado yugo**. A este respecto empezaré por describir la base bíblica que permite el soporte a este respecto, en la idea de un yugo desigual pero también en la idea positiva de lo que significa el yugo, aún bajo la misma perspectiva bíblica tiene otra forma de interpretarse. Dicho en otras palabras, el yugo tiene 2 formas de ver lo que transfiere, tanto en lo positivo como en lo negativo.

**2 Corintios 6:14 (LBA)** No estéis unidos en **yugo** desigual con los incrédulos, pues ¿qué **asociación** tienen la justicia y la iniquidad? ¿O qué **comunión** la luz con las tinieblas? 15 ¿O qué **armonía** tiene Cristo con Belial? ¿O qué tiene en **común** *(PARTE)* un creyente con un incrédulo?

## ¿PARA QUÉ SIRVE UN YUGO?

Bajo la perspectiva de la transferencia espiritual, debes ver cuál es su propósito no solamente en el tiempo antiguo, sino en la actualidad porque la incidencia espiritual que puede tener, puede ser lamentable por cuanto hay una asociación, comunión, armonía, igualdad en parte; la Biblia lo menciona en el contexto de los yugos desiguales. La pregunta entonces es determinante y de ahí podrás saber el por qué de muchas cosas:

## ¿Con quién estás vinculado?
## ¿Con quién llevas el yugo?

Si quieres ver en principio cuál es la parte positiva de la palabra yugo, puedo decirte que Jesús habló del yugo de forma positiva, obviamente que para ese entonces la humanidad ya tenía el concepto de lo que era el yugo, por eso El hace referencia a ese respecto pero de una forma positiva; de esto puedo decir que la gente que lo escuchó pudo comprenderlo, no así cuando habló por medio de parábolas lo cual fue estratégico para que no todos los que lo escuchaban lo comprendieran, sino que después El se los explicaba a quien quería que tuviera la profundidad de Sus enseñanzas, pero en relación al yugo, Jesús sabía que lo comprenderían claramente.

## El Yugo del Aprendizaje

**Mateo 11:29-30 Tomad mi yugo** sobre vosotros **y aprended de mí**, que soy manso y humilde de corazón, y HALLAREIS DESCANSO PARA VUESTRAS ALMAS. **30** Porque mi yugo es fácil y mi carga ligera.

Lo primero que puedes ver entonces es que, Jesús no está refiriéndose a 2 animales unidos con un yugo.

- ✓ Cuando Jesús dijo; ...**tomad Mi yugo**... estaba usando una frase rabínica que significa: **tomar mi yugo de enseñanza doctrinal**.

Bajo esta perspectiva, era muy entendible la invitación que Jesús estaba haciendo, pero también era parte de una serie de frases dichas por personalidades que podían influir en el ambiente por lo respetable que se les consideraba; lo utilizaban con el propósito de trasmitir conocimiento. Entonces Jesús dice que tomen Su yugo, porque había otros que tenían el suyo y bajo su nombre.

- ✓ Eso significa la **enseñanza** de un rabino a sus discípulos, de un maestro a sus alumnos; eso deja ver entonces que el yugo es un sistema de transferencia.

Entonces siendo un término rabínico, llevaba la idea de lo siguiente:

- ✓ El yugo de la Torah.

- ✓ El yugo del reino de los cielos.

- ✓ El yugo rabínico (yugo de Gamaliel, de Nicodemo, de Jesús).

Hasta aquí puedo ver entonces que los yugos se comprendían como un sistema de transferencia espiritual; porque no puedes negar que todo lo que aprendes respecto a Dios, es un conocimiento espiritual que tiene como propósito una transferencia. La voz es solamente el medio de transporte de lo que está en el espíritu, de tal manera que me convierto entonces en un vector o emisor de conocimiento para que, cuando haya un receptor espiritual, la transferencia cumpla su propósito como una siembra en la que cae la semilla a tierra y empieza a germinar hasta que finalmente haya fruto, en este caso, obviamente espiritual.

Esto me lleva a recordar lo dicho por Jesús:

**Juan 6:63 (LBA)** El Espíritu es el que da vida; la carne para nada aprovecha; **las palabras que yo os he hablado son espíritu** y son vida.

Bajo la perspectiva de enseñanza espiritual, cuando un ministro de Dios reconocido como tal está hablando de la Biblia, sus palabras son espíritu de parte de Dios.

Una vez visto el yugo desde el punto de vista espiritual, también me enfocaré en lo literal como parte de la enseñanza; me refiero al yugo que es utilizado en el campo agrícola porque en lo natural, el propósito del yugo es precisamente unir 2 animales para ocuparlo en la labranza para preparar la tierra donde se siembra; entonces había un propósito literal o físico donde utilizaban a un buey debidamente entrenado bajo un mismo yugo con un buey que no tenía el mismo entrenamiento, era novato en todo el oficio de un agricultor para que aprendiera del otro por la influencia del yugo. Bajo esa visión Jesús toma el ejemplo para decir que debían dejarse poner el yugo para poder aprender de El y como consecuencia hallarían reposo y descanso para sus almas.

## EL PROPÓSITO LITERAL DEL YUGO

Cada yugo tiene la intención de reproducir lo que sucede en un lado hacia el otro, es decir de una persona a otra persona.

- ✓ Desde el punto de vista de un buey a otro, es transmitir su entrenamiento.

- ✓ Desde el punto de vista de una persona a otra, es transmitir su intención, ideas, hábitos, propósito, etc.

- ✓ Por eso Jesús dijo: **...y aprended de Mi**.

✓ De ahí entonces que se usa toda la creatividad o potencial de una persona unida en yugo desigual pero será influyente el que tenga un espíritu más fuerte. Por eso, en el primer capítulo expliqué que en la imposición de manos, habría una transferencia de uno a otro, pero el hecho que alguien imponga manos, no significa precisamente que sea quien transmitirá, sino que, puede ser que la persona que imponga mano sea de espíritu débil y termine siendo receptor en lugar de vector.

✓ Esto mismo sucede con el yugo porque si alguien se une en yugo desigual, puede influenciar de manera negativa por cuestiones de la fortaleza de espíritu.

## LA FUERZA DEL YUGO

Realicé una investigación respecto a la fuerza de los bueyes y obtuve la siguiente información:

Un solo buey puede tirar de una carga que pese hasta 8,000 libras (3,629 kg).

✓ Lógicamente se piensa que, si conectara 2 bueyes podrían halar el doble, o sea, 16,000 libras (7,258 kg).

## La Verdad de 2 Bueyes Juntos

Dos bueyes que se juntan no halan solamente el doble, sino que, pueden halar el triple de lo que cada uno halara por separado.

- ✓ Los 2 bueyes unidos pueden halar hasta 24,000 libras (10,887 kg).

Desde el punto de vista espiritual, cuando 2 personas se unen en maldad, no estarán duplicando su maldad sino, triplicándola. Por eso Satanás está interesado en que la gente desconozca el poder de las transferencias espirituales aunque le es de suma importancia que siga funcionando pero en la sombra de la ignorancia para que los pueda manipular haciendo lo que sea de su interés.

Cuando la Biblia hace referencia al yugo desigual, es por el hecho de no compartir lo que tienes de Dios y que no sea desviado a otro propósito, porque cuando 2 bueyes se enyuntan, la carga se divide y juntos pueden halar mucho más que la suma de lo que cada uno pudiera halar individualmente como ya lo señalé.

### DOS BUEYES ENTRENADOS

Si los 2 bueyes que están enyuntados estuviesen entrenados y habituados a trabajar juntos, no sólo pueden halar tres veces lo normal, sino que, pueden halar hasta 32,000 libras (14,514 kg), lo cual es cuatro veces más pesada la carga de lo que cualquiera de ellos podría halar en forma individual.

**Eso significa que si el potencial de la creatividad se usa para fines equivocados, el resultado será peligrosos y destructivos.**

## *Y*ugos *D*esiguales

Nuevamente describiré la cita base porque me servirá para enseñarte lo importante de las palabras que deben ser consideradas como clave en esta parte de las transferencias:

**2 Corintios 6:14 (LBA)** No estéis unidos en yugo desigual con los incrédulos, pues ¿qué **asociación** tienen la justicia y la iniquidad? ¿O qué **comunión** la luz con las tinieblas? 15 ¿O qué **armonía** tiene Cristo con Belial? ¿O qué tiene en **común** *(PARTE)* un creyente con un incrédulo?

    1. **Asociación:** ¿con quién te unes?

    2. **Comunión:** ¿dónde te unes?

3. **Armonía:** ¿qué apruebas?, ¿con quién estás de acuerdo? (aquí es donde surge la sinergia con la maldad de la otra persona).

4. **Común (singularidad):** ¿en qué tomas parte o singularidad, o en qué te conviertes? (este es el punto o sello que confirma en lo que alguien se ha convertido después de pasar por los 3 niveles anteriores convirtiéndose así en la réplica del que le transfirió lo que tenía, sea positivo o negativo).

## Espíritu Inmundo

Un espíritu inmundo no es una entidad del reino de las tinieblas creada por Satanás, él no es creador de ningún espíritu, él forma parte de una creación caída, por consiguiente no tiene la capacidad de crear ni siquiera la solvencia para pretender hacerlo. De tal manera que, un espíritu inmundo es el término que se le acredita a un espíritu humano irredento, tuvo la oportunidad de aceptar en su corazón a Jesús como su Señor y Salvador, pero lo rechazó su espíritu nunca alcanzará el perfeccionamiento.

Por eso es que, cuando una persona muere siendo inicua, su cuerpo se va al cementerio, su espíritu vuelve a Dios para que El decida cuál es el lugar que le corresponde siendo redimido; pero los espíritus irredentos se quedan como vagabundeando en el segundo cielo, lugar donde son tomados por el reino de las tinieblas y se convierten en espíritus inmundos; la antítesis del espíritu redimido.

Pero entonces lo que sucede con esos espíritus es que, habiendo sido creados para estar en un cuerpo, Satanás prepara gente para que sean vehículos aptos para que entre en ellos un espíritu inmundo; el cuerpo humano no lo rechazará principalmente si ese cuerpo se ha convertido en una maquina de pecado, entonces tienen compatibilidad y lo utiliza para seguir saciando sus instintos inmundos.

Pero el mayor problema con esto es cuando alguien que tiene ese tipo de problemas y de pronto alguien le imponen manos; muy posiblemente tenga un espíritu muy fuerte y toda la maldad que haya en ese cuerpo, pasará a la persona que impuso manos quizá con la intención de liberarlo, pero por su debilidad o por la falta de conocimiento de qué es lo que debía hacer; es contagiado gravemente a nivel espiritual y con repercusiones físicas también.

Ahora lo que corresponde entonces es definir cada uno de los puntos descritos en **2 Corintios 6:14**.

# 1.- ASOCIACIÓN Y/O COMPAÑERISMO: JUSTICIA E INJUSTICIA

**2 Corintios 6:14 (ECR)** No os unáis en yugo desigual con incrédulos; porque ¿qué **compañerismo** hay entre la justicia e injusticia? ¿Y qué comunión hay de la luz con las tinieblas?

**G3352 Metochos o metojé de G3348:** participación, i.e. **interacción**:- compañerismo. un asociado.

La palabra interacción lleva implícito el hecho de intercambiar; esto lo que significa entonces es que cuando una persona está teniendo una transferencia espiritual, el espíritu inmundo no solamente le está transfiriendo toda clase de males, sino que le está anulando o absorbiendo todo lo bueno que pueda tener la persona para que se quede prácticamente sin armas que pueda tener para contrarrestar la influencia de las tinieblas.

**¿Qué es interacción?**

Es la relación o tratos entre personas o grupos que provoca un acople o unidad que hace que los que se han unido, sean uno.

✓ Cuando ocurre la interacción siempre hay un intercambio.

✓ Esto significa que las personas que se unen, experimentan literalmente un intercambio en medio de su unión.

Para que puedas tener un ejemplo a este respecto, quiero referirme con la siguiente interrogante:

## ¿Por qué dice la Biblia que Satanás viste a sus siervos como ángeles de luz, si él es tinieblas?

Debes recordar que él fue un ser de luz, el título que tenía era, portador de luz, lucero de la mañana; pero cuando se revela en contra de Dios, esa luz de la cual era portador, la pierde.

Por otro lado, cuando ves la Biblia en **Juan 1:4**, dice claramente que la vida era la luz de los hombres, eran seres lumínicos; Adán de hecho era un ser lumínico que, cuando peca, se apaga la luz que llevaba dentro y se ve desnudo.

Entonces eso me deja ver que los creyentes en el Señor Jesucristo, llevan luz dentro de sí, razón por la cual Satanás está detrás de hijos de Dios porque es la luz que perdió; es como decir que si perdió algo divino que llevaba dentro, ahora lo quiere absorber pero no para quedárselo porque no la puede poseer, sino que, primero lo hace para que los creyentes no tengamos cómo defendernos o discernir un ataque de Satanás; también la quiere para vestir a sus ministros como obreros de luz, en aquella interacción que existe en determinado momento, es de donde obtiene esa luz.

## TESTIMONIO

Hace muchos años, una persona me pidió que fuera a orar por un familiar que tenía en cierto hospital; lo tenían en el área de cuidados especiales porque no le hallaban qué era lo que tenía. Ante la petición accedí y esta persona me llevó al hospital, pero mientras íbamos de camino, Dios me habló diciéndome que no fuera, pero creí que era mi alma la que estaba tratando de impedirme que hiciera la obra pastoral a la cual Dios me había enviado.

Escuché las mismas palabras por 3 veces en el camino hasta llegar a la habitación donde estaba el enfermo, pero siempre pensé que era la voz en mi alma y continuamos adelante. Cuando entré en la habitación, el joven que estaba enfermo me ve y me dice: te estaba esperando.

## Las Influencias de Los Espíritus Humanos

En ese momento el Espíritu Santo me vuelve a hablar pero esta vez me dijo que no le impusiera manos, pero una vez más pensé lo mismo y empecé a orar imponiéndole las manos; la persona no se le manifestó como un endemoniado ni pronunció una sola palabra, solamente se relajó y yo empecé a sentirme muy débil y a sudar frío; cuando abrí mis ojos empecé a ver luces, centellas, mareado, con nauseas lo cual me hizo que fuera al servicio sanitario donde tuve que empezar a autoliberarme y el Espíritu Santo me volvió a hablar recordándome que me lo había advertido, que no orara por ese joven porque Dios estaba tratando con su familia.

Lo que sucedió en aquel momento es que lo que estaba en aquella persona, me absorbió; gracias a Dios que El me liberó instantáneamente de todo aquello y entonces aprendí la lección, aunque en ese momento no tenía claro todo el panorama ni tenía la explicación bíblica hasta que años después me encuentro con lo escrito en la Biblia acerca de la imposición de manos y entonces me dispuse a estudiar acerca de las transferencias hasta que Dios me dio la vía para compartirlo por todos los medios a mi alcance, lo cual incluye este libro; es por eso también la razón de la parte introductoria de este capítulo.

**La palabra intercambio significa:**

- ✓ Poner uno en el lugar de otro.
- ✓ Provocar el cambio de lugares o dar y recibir cosas de manera recíproca.
- ✓ Seguirse el uno al otro.
- ✓ Se produce una unión en el espíritu.
- ✓ El intercambio involucra a todos y permite que cada persona obtenga algo de la relación (lo que recibo y lo que doy).

## 2.- COMUNIÓN: LUZ VS. TINIEBLAS

La palabra griega para comunión es koinonía, significa:

- ✓ Asociación, participación, **intercambio social**, comunicación y distribución.
- ✓ Comunión significa, interacción social.

La luz y las tinieblas nunca tendrán comunión ni estarán de acuerdo; siempre habrá controversia, combates y batallas; el problema es que en este segundo paso, el cristiano ya fue desarmado, no tiene como discernir las tinieblas que le están haciendo estragos en su interior; es como aquella persona que fue fascinada con algo y no abre los ojos hasta que está en medio del campo de batalla pero sin poderse defender.

Por eso es delicado el hecho de pretender tener una unción porque es un fuerte deseo en el corazón, pero no se ha llevado el equipamiento adecuado para poder desarrollar determinada labor de parte de Dios. Por supuesto que es Dios quien derrama la unción, pero también debes tener el conocimiento y práctica adecuada como lo mencioné anteriormente.

Hay cristianos que toman la decisión de llegar a comercios donde su principal venta son objetos de brujería y hechicería, lo hacen con la idea de reprender todo aquello, pero no consideran que se están introduciendo en atmósferas espirituales donde hay potestades de las tinieblas que sus puntos de contacto son los elemento que están vendiendo ahí, esos objetos son puertas dimensionales que los autorizan a entrar a la atmósfera terrenal.

Si vas a uno de esos lugares, a menos que tengas una total convicción que es Dios el que te está enviando, entonces hazlo, pero si no, si es tu alma la que te está empujando a que lo hagas, es mejor que te abstengas porque lo más seguro es que termines endemoniado y con problemas que nunca imaginaste que enfrentarías.

Con mucho respeto quiero decir esto: si no tienes el suficiente discernimiento para saber que no debes ir a uno de esos lugares, lo más seguro es que estés perdiendo la luz que debería alumbrar para discernir qué hacer y qué no hacer en esos casos. Si de pronto entras a un lugar de ese tipo pero fue inconscientemente; la misma luz de Dios te dirá que ese lugar es peligroso y que debes salirte; en caso contrario, puede ser que no has notado que estás siendo víctima de una transferencia espiritual y no lo has podido notar por la misma razón, la transferencia está obrando en ti de forma negativamente y lleva una buena parte avanzando.

No puedes cruzar el territorio del enemigo irresponsablemente y pensar que estás cubiertos por Dios solamente porque crees que lo agradarás si destruyes un altar idolátrico. Por favor considera lo siguiente:

- ✓ El territorio enemigo es todo lugar donde Dios no te envía y dónde se camina fuera de la voluntad de Dios.

- ✓ Las tinieblas son el territorio enemigo.

- ✓ Si Dios no te envió, estarás por tu cuenta y el diablo tendrá el derecho de hacer lo que él quiera contigo.

- ✓ Si Satanás no respetó el cielo, menos respetará tu vida sabiendo que estás en desobediencia y peor aún, en su territorio.

- ✓ No participes de actos proféticos dirigidos por otra persona que tampoco sabe totalmente lo que está haciendo; sin importar quién sea, si no tienen una delegación genuina por Dios; simplemente llevan las de perder con lo que hagan.

- ✓ Recuerda que existe la ley geográfica de la unción, si tu unción no está en el nivel para penetrar en el área o atmósfera donde se mueven mayores fuerzas espirituales, es mejor que te abstengas porque en la guerra espiritual hay jerarquías. La Biblia dice que nuestra lucha no es solamente contra carne y sangre, sino contra principados, gobernadores, autoridades y huestes de maldad en las regiones celestes; entonces debes reconocer que hay diferentes entidades, diferentes rangos y obviamente entre el nivel sea más alto, también mayor poder, destreza, etc.

- ✓ Las huestes son el nivel raso, pero cuando se llega al nivel de autoridad, debes saber qué nivel de autoridad es porque la Biblia permite ver términos que denotan rangos, por ejemplo: no es lo mismo hablar de una autoridad de unidad lo cual son solamente 8 hombres; no es lo mismo hablar de una centuria lo cual es la representación de 100 hombres, no es lo mismo hablar de un ejército que puede ser representado por 1000 personas, no es lo mismo hablar de una legión porque este es representado por 6826 soldados, unos de a pie y otros de a caballo.

- ✓ Si Dios te ha delegado con autoridad, debes saber qué nivel tienes para lo que puedas enfrentar porque quizá tienes autoridad pero no a nivel de un principado donde se tiene experiencia, estrategia de guerra, se tiene respaldo de todos los demonios, el nivel de los gobernadores tiene conocimiento de leyes y su estrategia es jurídica por la misma razón. El nivel de autoridad como tal, son los que trasladan poder; eso significa que alguien puede tener la autoridad, pero si no tiene el poder, no puede hacer nada porque la autoridad es como el vehículo para manifestar el poder. Las autoridades deben

## Las Influencias de Los Espíritus Humanos

tener diferentes números en fuerza para trasladar ese poder de tinieblas.

✓ Con todo esto puedes ver entonces que no se trata solamente de levantar la voz, no se trata solamente de tener un vozarrón y pretender que por eso todos los demonios se sujeten, es necesaria la preparación, el equipamiento, el conocimiento y la práctica por supuesto.

Ejemplo: Saúl entró en el territorio enemigo y no a conquistarlo sino que, a ponerse bajo su poder.

**1 Samuel 28:7-8** Entonces Saúl dijo a sus siervos: **Buscadme una mujer que sea médium para ir a consultarla.** Y sus siervos le dijeron: He aquí, hay una mujer en Endor que es médium. **8** Saúl se disfrazó poniéndose otras ropas y fue con dos hombres; **llegaron a la mujer de noche**, y él dijo: Te ruego que evoques por mí a un espíritu, y que hagas subir al que yo te diga.

**1 Crónicas 10:13 Así murió Saúl** por la transgresión que cometió contra el SEÑOR por no haber guardado la palabra del SEÑOR, y también **porque consultó y pidió consejo a una médium**…

Debido a la facilidad que hoy se presenta por los diferentes medios electrónicos que existen, el hecho de buscar una palabra en la Biblia, puede llevarte a conclusiones mucho más prácticas, por ejemplo: cuando buscas la palabra tiniebla o tinieblas en la Biblia, resulta que solamente 1 versículo lo refleja en singular, todas las demás en plural. Eso significa que también existen niveles de tinieblas que son las que se transfieren cuando alguien está en koinonia en lugares equivocados, en lugares prohibidos por Dios o que El no te autorizó a que vayas.

## Niveles De Tinieblas

De esos niveles de tinieblas, en el idioma hebreo lo describieron de una mejor forma por el tipo de ataque que ejercen, por lo cual te los describo a continuación:

1. **H652 ofel:** Tiniebla de calamidad (se vuelve no receptivo de lo espiritual).

2. **H653 afelá:** Tiniebla de maldad (genera desgracia).

3. **H2816 kjashók:** Tiniebla de oscuridad (ausenta la luz).

4. **H2821 kjashák**: Tiniebla que oculta o retiene la luz (no evoluciona la luz,

involución de la luz, es decir del día a la noche). Un ejemplo a este respecto es cuando dice la Biblia que, si la luz que hay en alguien son tinieblas, como serán las verdaderas tinieblas (Mateo 6:23). Es como una luz menguando pero la persona no tiene la capacidad para detectarlo.

5. **H2822 kjoshék:** Tiniebla que opera como receptor y atrae miseria, destrucción, muerte, ignorancia, tristeza, maldad.

6. **H2825 kjasheká:** Tiniebla que activa la miseria (impide la prosperidad).

7. **H3990 maafél:** Tinieblas de división (ejemplo Josué 24:7).

8. **H3991 mafeleyá:** Tinieblas profundas (caer en otro nivel de maldad que no practicó antes). Hay personas que Dios las rescató del mundo y las llamó a Su luz admirable, pero de pronto por una transferencia espiritual, vuelven al mundo y practican aún cosas que nunca antes habían conocido; cayeron en un estado peor al anterior.

9. **H4285 makjshak:** Lugar de tinieblas, tumba (atmósfera de muertes), ambientes.

Existen personas que han tenido transferencias espirituales muy sutiles de parte de las tinieblas y consecuentemente no han logrado recapacitar en saber qué es lo que les está sucediendo, de tal manera que cuando tienen esa influencia y de pronto pasan por un lugar donde alguien murió porque otra persona lo mató; ese lugar se convierte en puertas dimensionales de muerte, de tal manera que cuando pasa una persona de espíritu débil, tienen una conexión con el espíritu de muerte que quedó ahí y lo persigue para provocarlo a muerte.

10. **H5890 eifá:** Tinieblas que cubre, cobertura de oscuridad.

11. **H6205 arafél:** Tinieblas de oscuridad gruesa, penumbra entre la luz y la oscuridad. Impide percibir dónde empieza una y acaba la otra.

12. **G2217 zófos:** La oscuridad del mundo inferior o inframundo, inspira temor o tristeza, confuso o incierto.

13. **G4652 skoteinos:** Tinieblas de ignorancia, error y agüero, presagio de males.

**14. G4653 skotia:** La oscuridad de no estar completamente entregado a Dios.

**15. G4655 skotos:** La oscuridad de tener falta de integridad.

**16. G4656 skotoo:** La oscuridad de una ceguera mental.

# Las Influencias de Los Espíritus Vivos o De Los Muertos

## Capítulo 4

Como habrás notado, he estado describiendo detalladamente cada situación que veo descrita en la Biblia y que se relaciona a las transferencias, razón por la cual consideré que era mejor explicar las palabras claves de la cita que estoy tomando como base bíblica, con el propósito que seas enriquecido en este conocimiento.

**2 Corintios 6:14-15 (LBA)** No estéis unidos en **yugo desigual** con los incrédulos, pues ¿qué **asociación** tienen la justicia y la iniquidad? ¿O qué **comunión** la luz con las tinieblas? **15** ¿O qué **armonía** tiene Cristo con Belial? ¿O qué tiene en **común *(PARTE)*** un creyente con un incrédulo?

Con esto entonces ya establecí que existen 4 palabras claves descritas en la Biblia bajo las cuales debes tener sumo cuidado para no caer en yugo desigual:

**1.** Asociación

**2.** Comunión

**3.** Armonía

**4.** En común (parte o singularidad)

Pude enseñarte plenamente las primeras 2 palabras en el capítulo anterior, refiriéndome de forma directa al hecho de tener mucho cuidado en no relacionarte con la persona equivocada porque puedes tener una transferencia espiritual errónea y lamentable porque, no solamente pueden contaminarte, sino que, anular lo bueno que haya en ti con el propósito de no dejar resistencia a la contaminación de las tinieblas. Por supuesto que también explique de la fortaleza de espíritus y que dependerá de Dios y de tu obediencia a El, que puedas resistir, que tu espíritu humano tenga mayor fortaleza que un espíritu de las tinieblas.

Continuaré entonces con las 2 palabras que debes aprender a qué se refiere la Biblia:

## 3.- ARMONIA: ...CRISTO CON BELIAL?

Esta palabra puede llevarte a pensar qué es lo que apruebas o con quién estás de acuerdo. Esta misma palabra es utilizada en el ámbito musical para comprender el tipo de sonido que una persona tendrá después de un tiempo de estar en armonía y aprendizaje con una persona; pero para lo que estoy enseñándote, lo que esta palabra está dando a entender es que no puede congeniar una persona en Cristo con una persona que es parte del séquito de Satanás y que en sus entrañas no puede haber bondad o amor por el prójimo sino que, en todo momento manifestará la conducta de una persona negativa, llegando entonces a influenciar a un ungido.

Recuerda que la palabra Cristo significa ungido, entonces lo que la Biblia está cuestionando es el hecho que no puede haber concordancia o armonía entre un ungido con uno que es seguidor del diablo; en tal caso la unción de la persona que está en Cristo Jesús irá menguando, de tal manera que, cuando las tinieblas logran traspasar los limites de aquella persona, sonará igual que Belial lo cual tiene lugar por la transferencia a través del yugo que describe la Biblia en la cita anterior.

### Etimología de la palabra armonía

La palabra armonía se deriva del término griego sumphonesis (soom-fo'-nay-sis) y se define de la siguiente forma:

Estar en armonía con, **acuerdo**, estipular mediante pacto, **concordar** y apoyar.

Eso significa que estar de acuerdo lo es todo, afecta cada aspecto de tu vida; de tal manera que **concordancia** se deriva de una raíz griega que significa: **de corazón a corazón**. Aquí puedes ver de forma muy clara la importancia de no estar unido en yugo desigual.

## Las Influencias de Los Espíritus Vivos o de Los Muertos

Quizá el término puede ser un poco confuso, entonces para dejarlo más claro puedo decir que, si eres cristiano, no te unas de forma voluntaria con otra persona para llevar a cabo nada. Entiendo que de pronto puedas estar en tu trabajo secular al lado de una persona que no es cristiana, pero eso es otra cosa porque en tal caso, ambos están en el mismo punto unidos al yugo de una empresa cuyo fin es lucrativo y productivo de determinado bien y tú siendo profesional estás prestando tus servicios; eso es diferente a estar unido en yugo desigual de forma voluntaria con un fin en común.

En el yugo desigual entras en acuerdo en todo sin poder detener lo que se está llevando a cabo con la otra persona, ni de razonamiento para poder rechazar determinado acto ilícito, porque la transferencia negativo en el yugo desigual permitió que fuera dominada cualquier oposición de la persona que es de Cristo; sencillamente es el que está lleno de tinieblas el que dominó y el otro que debía oponerse, simplemente lo ve como una conducta normal porque la poca luz que había en esa persona, se desvaneció por todo lo que ya expliqué.

Otra de las palabras que llaman la atención en lo que significa sinfonía, es la palabra **acuerdo**, porque es un tipo de cobertura.

Ahora bien, para saber qué es lo que se transmite en este punto, es necesario saber lo siguiente:

## ¿QUÉ SIGNIFICA BELIAL?

- ✓ Una persona carente de valores.

- ✓ Alguien que no es útil y no sirve para lo bueno.

- ✓ Es de mentalidad mala o enferma.

- ✓ Es una persona de corazón endurecido.

- ✓ Es alguien promotor de rebelión.

- ✓ Es corrupto, lleno de lascivia, etc.

Estas son algunas de las características que permite ver el significado de la palabra Belial, eso sería entonces como estar casado con Belial. Con esto puedes ver entonces que la transferencia negativa lleva como propósito el hecho de estar pactado con las tinieblas. Por eso estoy describiendo de la mejor manera posible el contenido de este libro a la luz de la palabra de Dios y apoyándome en lo que algunos diccionarios pueden brindar para esclarecer mejor el significado etimológico de algunas palabras.

Por supuesto que dentro del yugo desigual, incluye todo lo que ya aprendiste, refiriéndome con esto a una relación ilícita de tipo sexual por todo lo que ahí se transfiere. Por eso me he dado a la tarea de buscar en la Biblia la advertencia de Dios hacia Su Iglesia sobre los sutiles ataques de las tinieblas que utiliza para llevar a cabo el modus operandi de transferir lo negativo de una persona a otra y anular la parte positiva, al punto de que no haya restricciones de maldad, sino un total libertinaje.

Recuerda que si Satanás es especialista en contrataciones, puede detectar quién le puede servir en su obra de maldad a consecuencia de haber sido desaprobado por Dios por su conducta negativa; de tal manera que todo el que es contratado por Satanás lleva como propósito hacer menguar la luz de un hijo de Dios hasta que solamente queden tinieblas.

## 4.- EN COMÚN (PARTE O SINGULARIDAD): ¿O QUÉ PARTE EL CREYENTE CON EL INCRÉDULO?

La palabra **parte** en el idioma griego se pronuncia **meris** (mer-ece'), significa: compartir, estar en la misma provincia de o participar con.

- ✓ Proviene de otra palabra griega, **meros**, que se refiere a una costa, porción o a sentir respeto por.

- ✓ Significa: no participar en actividades que rindan honor o respeto a otros dioses, a lo que deshonra a Dios, Su palabra, la fe verdadera, a los principios morales y espirituales, especialmente en tiempo o fechas especificas que tienen un trasfondo espiritual pagano, de tal manera que el yugo desigual hará que un creyente en Cristo Jesús, se vuelva a lo que es contrario a Dios, pierda los buenos valores y es sumergida en las costumbres y cosas que el mundo tiene como prioridad.

Por eso no debes pasar tiempo, en el sentido espiritual; en territorios donde hay actividad demoniaca o de espíritus inmundos, principalmente cuando no has llegado a tener un nivel donde puedas contrarrestar o combatir aquello que te puede contaminar, porque por más que creas que eres fuerte espiritualmente hablando; por ahí mismo puede el diablo dominarte y engañarte.

Mucha gente piensa que puede estar en cualquier lugar sin ser afectado por la atmósfera que prevalece en el ambiente; lamentablemente, en la mayoría de casos, cuando se piensa así, es porque están perdiendo la sensibilidad de saber cuál es la voluntad de Dios para sus vidas.

### ¿A qué lugares me refiero?

- ✓ Ruinas: lugares turísticos.

- ✓ Iglesias: asistiendo a bodas de cualquier religión principalmente de la religión oficial o de sectas.

- ✓ Club nocturnos.

- ✓ Casas donde se consume drogas y todo tipo de químicos considerados peligrosos por el riesgo de lo que puede convertirse en un vicio.

- ✓ Territorios de fuerte influencia demoniaca.

- ✓ Carnavales: como el de Brasil, Nueva Orleans, etc.

Hasta aquí entonces la descripción de los 4 puntos donde la Biblia hace la invitación a que veas que no hay compatibilidad entre la luz y las tinieblas y que debes esforzarte entonces en mantenerte fuera de toda contaminación para no volver a ser esclavizado a través de los yugos desiguales en los cuales también hay transferencias espirituales del reino de las tinieblas.

## Yugos Desiguales: Las Influencias De Los Espíritus Humanos

Existe una transferencia de influencia de espíritus inmundos, pero dentro de toda la temática de las transferencias, has podido ver una parte de esa forma de traspasar espíritus negativos de un cuerpo a otro. Sin embargo, también es necesario analizar el hecho que puede surgir la influencia de las transferencias de los espíritus humanos.

Como recordarás, la Biblia hace mención en no dejarte engañar solamente por los espíritus negativos que pueden morar en gente que no tienen pacto con Dios, en gente que tiene costumbres paganas como es el hecho de haber pactado con las tinieblas o que hacen rito de tinieblas y que acostumbran a visitar lugares donde practican brujería a favor de ese tipo actos como es el hecho de leer la mano, interpretar las cartas, etc.

Eso los hace portadores de espíritus inmundos; de tal manera que, cuando alguien cae en yugos desiguales, esos espíritus pasan a morar en aquella vida porque abrieron las puertas en el momento que participaron en esos ritos, al conjurar espíritus inmundos, hacen mención de palabras que incluso desconocen lo que pronuncian, sin embargo no por eso deja de ser invocaciones de potestades o ceder el alma a este tipo de entidades para buscar un beneficio propio como podría ser dinero, salud, amor, etc., entonces entran potestades que al hacer yugo desigual, se transfieren los espíritus; pero ahora no me refiero solamente a todo eso, sino a la influencia que existe en los espíritus humanos.

## Definiendo La Influencia De Los Espíritus Humanos

Cuando hablo de la influencia de los espíritus humanos estoy refiriéndome a su personalidad, actitudes y aún a la mentalidad.

De tal manera entonces que cuando una persona está siendo influenciada por el espíritu humano de otra persona, repercute 100% en la personalidad, esto incluye la influencia de ciertos movimientos corporales: en la forma de caminar, hablar, pensar, etc., porque también se ve la influencia mental de una persona hacia otra, incluso en las comidas puede verse fuertemente la influencia, de tal manera que una persona se alimenta de acuerdo a lo que la otra persona come y bebe en lo físico.

La influencia es el poder o la autoridad de alguien sobre otro sujeto que lleva a resultados involuntarios, incluso la influencia puede cambiar el destino de alguien. Por eso he dicho oportunamente que todo lo que tiene lugar en lo espiritual e intangible, repercute en lo físico y tangible.

## Ejemplos de la influencia sobre los destinos de los demás

- ✓ Lucifer influenció a la tercera parte de las estrellas (**Apocalipsis 12**).

- ✓ Los 10 espías (menos 2) que influenciaron a toda una nación, 3 millones de personas aproximadamente, con palabra negativas, afectándolos con miedo (**Números 13**).

## El poder de las influencias

- ✓ Esa influencia puede llegar a las emociones y sentimientos de otra persona para cambiarle su vida, hacerle creer incluso que ha tenido las mismas experiencias de la persona que tiene ese espíritu que logra influenciar a otros, pero en este caso logra hacerlo con palabras porque las palabras son espíritu, por eso puedes ver también que la Biblia dice que en las palabras hay poder de vida o muerte por lo que se pronuncia.

## Las Influencias de Los Espíritus Vivos o de Los Muertos

- ✓ Por eso es importante conocer todos esos principios, para comprender todo en lo que puede repercutir una transferencia en la personalidad que incluye desde los pensamientos, ideas, forma de conducirse en la vida, los planes de una persona, incluyendo entonces su alma y voluntad.

- ✓ Cuando se cae en la influencia de un espíritu humano, la persona esta lista para ser manipulada por aquel que posee ese espíritu, aunque no sea a propósito, pero tiene lugar porque la persona no está enfocada en el camino de Dios, tiene apariencia de estarlo pero la realidad es otra; debería estar en lo que es propiamente de Dios como justo, temeroso, sabio, bíblico, pero al no estarlo entonces se enfocará a sus propios propósitos, de tal manera que el espíritu humano puede influenciar de forma consciente o inconscientemente, aunque no sea un experto y no entienda la dimensión en la que está, no por eso dejará de tener un espíritu que puede influenciar a otros por la misma razón que ya expliqué: está fuera de la voluntad de Dios y eso lo llevará a que le cambié el destino a otra u otras personas.

- ✓ El problema con esto es que puede llegar a comprender que tiene a otras personas bajo su influencia, tanto en el espíritu como en el alma, lo que dará lugar a que esté manipulando a otros. Este es el proceso de los espíritus humanos.

## ¿Qué Es La Manipulación?

Una actividad básica del mundo espiritual, preferentemente de la brujería, aunque no la ejerza un practicante del ocultismo, aunque no la ejerza un brujo propiamente dicho; pero puedo decir que es una extensión que utiliza la brujería, precisamente para ejercer manipulación de alguien que está atrapado en ese círculo, sobre otros para que sientan sus emociones, sentimientos incluso que se tomen propias las discusiones o riñas que ha tenido esa persona con otros; también busca que piensen igual que él, planeen, se vistan, etc., de tal manera que viene a ser como estar manipulando una marioneta pero sin controles, simplemente con que otros vean su comportamiento, ejerce esa manipulación para que lo quieran imitar.

Según el Diccionario Webster, significa: influir especialmente con la intención de engañar.

## Otros conceptos de lo que es la manipulación

- ✓ La manipulación es la actividad de una persona controlando a otros para completar metas egoístas y ambiciosas; es la actividad de una persona que quiere forzosamente que todo gire alrededor de él o ella, que se haga solamente su voluntad, que piensen y hablen igual, que vean las cosas o perciban las cosas como lo percibe él o ella, que no haya lugar para los pensamientos ni razonamientos de otros sino que todos deben regirse a lo que aquella persona piensa y razona.

Por supuesto que esta situación la disfrazan para que no sea descubierta por la mayoría de personas y que lejos de eso se sientan cómodos bajo esa manipulación porque les anulan su voluntad para que todo lo que hagan sea en base a lo que ese tipo de personas ejercen, por eso muchas veces tratan de hacerlo bajo un manto de falsa humildad para que todos piensen que están en el camino correcto.

- ✓ La manipulación está claramente enraizada en la naturaleza carnal. Una persona espiritual cuida que su espíritu humano no esté influenciado a otros para su propio beneficio.

- ✓ El objetivo de la manipulación es tener el control sobre todos los que pueda, aún a la distancia.

✓ Quien tiene el poder determina el resultado final bajo la influencia de la personalidad lo cual incluye actitudes y mentalidad.

## ¿Qué Es La Personalidad?

Es una estructura de carácter psicológico referente a los rasgos de un individuo.

✓ Es la alineación dinámica de los sistemas psicofísicos que permiten un modo específico de actuar y pensar. Eso significa que buscan que la gente en general, tengan un parecido a la persona que busca influencia a los demás, ni siquiera es para que se parezcan a Jesús, sino que influencian para imponer la personalidad de un individuo, por supuesto que es de una forma muy sutil para que no lo detecte la mayoría de personas, principalmente las que en determinado momento han caído en idolatría de aquella personalidad.

✓ Y depender de la clase de adaptación, al entorno que establezca en cada persona.

## ¿Qué Son Las Actitudes?

Son el estado del ánimo que se expresa de una cierta manera.

- ✓ La actitud también ha sido definida como, un estado de la disposición nerviosa y mental que se organiza a partir de las vivencias y que orienta o dirige la respuesta de un sujeto ante determinados acontecimientos.

## ¿Qué Es La Mentalidad?

Es el sistema de creencias de cada persona.

- ✓ La mentalidad, depende de la tradición cultural, la educación recibida en el seno de la familia y las circunstancias sociales e históricas de cada época.

- ✓ En algunos casos, la forma de pensar de un individuo puede estar relacionada con su herencia genética.

Entonces el problema no es tan superficial como quizá algunos lo pueden creer o tomar; la influencia de una persona es como sembrar en una o más personas toda una vida de acontecimiento y buscar que se borren los propios de los demás, anulando con esto la posibilidad de alcanzar las bendiciones que Dios tiene preparadas para la vida de cada persona, pero son anuladas porque la persona que ejerce influencia, está ocupando toda posibilidad de bienestar en los demás; es tal el problema que cuando alguien está frente a una oportunidad, sea cual sea, y tiene cerca de la persona que lo está influenciado; primero ve el rostro de aquella persona para buscar su aprobación o negación a lo que le están ofreciendo, porque todo se mueve en torno a la voluntad del que ejerce influencias.

## La Primera Mención De Las Influencias De Los Espíritus Humanos

Como lo mencioné en un inicio, también es importante analizar el por qué las tinieblas toman ventaja sobre este tipo de situaciones, y no me refiero solamente a la falta de conocimiento que pueda haber, sino porque ese es su modus operandi.

Recuerda que Satanás en su momento fue una creatura que ejerció privilegios de alto honor y sus funciones permiten ver aquella capacidad que tenía para entender muchas cosas que, a pesar de haber sido destituido del Reino de Dios, se quedó con esos conocimientos y ahora los aprovecha de una manera negativa, sabiendo que existe la posibilidad porque fue testigo de ver los resultados de esos mecanismos ejercidos por Dios pero en este caso bajo un proceso positivo o de luz de acuerdo a Su voluntad.

El problema es que Satanás es un imitador y teniendo el conocimiento de los principios que sabe que tienen efectividad, entonces los poner en práctica para sus planes de maldad; de aquí la importancia de este tópico propiamente, aunque no hay mucho conocimiento al respecto porque no es enseñado de forma popular; es necesario trasladar el conocimiento, por supuesto, a la luz de la palabra de Dios, porque como has notado, todo lo que hasta aquí has aprendido, y no solamente en ese libro sino que, en todos los libros que Dios me ha permitido escribir; tienen base bíblica, no estoy llenando un espacio con mi imaginación, sino que estoy siendo conducido por el Espíritu Santo para que sigas siendo equipado como guerrero espiritual.

Debes saber que para llegar a este momento en el que estoy dejando plasmado por escrito este estudio, no fue de un momento a otro; Dios permitió que empezara a tener la luz a este respecto y poco a poco lo fui digiriendo y El me fue mostrando la base en Su palabra, pero inicialmente sólo lo compartí con un círculo de personas de mucha confianza por la misma razón de lo complejo del tema, pero gracias a Dios que todo esto fue madurando y hoy eres bendecido en adquirir este conocimiento; insisto, no porque lo esté imaginando, sino porque Dios me lo reveló y permitió documentarlo con la Biblia.

Empiezo entonces diciendo que, en los días del Antiguo Pacto, había una creencia la cual era el hecho de creer en la influencia de los espíritus humanos. Esto es interesante porque la base se inicia en los días de Moisés, en adelante, siendo así 2 clases de influencia de espíritus humanos:

- ✓ Espíritu humano de alguien vivo.

- ✓ Espíritu humano de alguien muerto.

Hablar de las influencias de espíritus humanos es propiamente lo que se entiende por ser influenciado con las mismas actitudes y mentalidades de otro humano, como ya lo pudiste aprender en lo que expliqué en este mismo capítulo; sin embargo debes notar entonces que existe un grado de vulnerabilidad muy grande en todo esto y que es decisión de cada persona el permitir una transferencia negativa a su propia vida.

## La Influencia Del Espíritu Humano Vivo

El espíritu de Moisés en 70 ancianos, es decir la influencia del espíritu humano mientras Moisés estaba vivo.

## El origen del Sanedrín

Originalmente se inició en los días de Moisés para que le ayudaran a juzgar las cosas del pueblo, el cual estaba compuesto por 70 ancianos que hacían la función de juez, estos hombres llevaban el espíritu de Moisés.

**Números 11:16-17** Y dijo el Señor a Moisés: «Congrégame setenta ancianos son del pueblo y maestros de ellos; y los traerás al tabernáculo del testimonio, y se pondrán allí contigo. ¹⁷ Y descenderé y hablaré allí contigo, **y tomaré del espíritu, que hay en ti**, y pondré sobre ellos, y conllevarán contigo la carga del pueblo; y no los llevarás tú solo.

Ahora observa esta versión de la Biblia la forma en que describe este versículo:

**Números 11:25 (Junemann)** Y descendió el Señor en nube, y hablóle, **y tomó del espíritu, de él, y puso sobre los setenta varones**, los ancianos; y aconteció que, al reposar el espíritu sobre ellos, profetizaron; y ya no cesaron.

Con esto puedes notar entonces la manera en que les fue transferido la autoridad y el don de Moisés porque él era Profeta y así aquellos 70 varones profetizaron como si hubiera sido el mismo Moisés porque tenían su influencia, en este caso fue una manera positiva; solamente aquí puedes ver entonces que Dios utilizaba la influencia de espíritus por transferencias.

## Influencias De Espíritus Con Nombre Humano

Es profundo hablar de esto pero para tener base bíblica, observa los siguientes ejemplos:

### De Eliseo:

**2 Reyes 2:15** Cuando lo vieron los hijos de los profetas que estaban en Jericó frente a él, dijeron: **El espíritu de Elías reposa sobre Eliseo**. Y fueron a su encuentro y se postraron en tierra ante él.

Obviamente que esto no es una reencarnación, sino que, es la misma operación de la influencia de un espíritu humano sobre un hombre vivo.

### De Juan el bautista:

## Las Influencias de Los Espíritus Vivos o de Los Muertos

**Lucas 1:17** E irá delante de El **en el espíritu y poder de Elías** PARA HACER VOLVER LOS CORAZONES DE LOS PADRES A LOS HIJOS, y a los desobedientes a la actitud de los justos, a fin de preparar para el Señor un pueblo bien dispuesto.

Puedes notar que son 2 tiempos diferentes sobre 2 hombres diferentes influenciados por el mismo espíritu del Profeta Elías; en ambos casos es una influencia positiva, pero debo insistir en que era un espíritu humano, no era un espíritu divino, no era el Espíritu Santo porque en tal caso la Biblia hace referencia muy clara cuando lo hace de esa manera; además que en **Lucas 1:17** lo dice muy claro para poder comprender entonces la influencia de espíritus humanos, más aún, el espíritu de un hombre que fue arrebatado por Dios sin ver muerte.

Pero lo que deseo hacer notar es que, primero fue en el tiempo de Moisés, un hombre vivo influenciando a 70 hombres vivos en la misma época. Después, muchos años después surge el Profeta Elías; él es arrebatado pero su espíritu quedó influenciando a otro Profeta, a su sucesor Eliseo y posteriormente el mismo espíritu del Profeta Elías sobre Juan el bautista.

## Los Discípulos Compararon a Jesús

## Con Profetas Muertos

¿Qué sabía la gente acerca de los espíritus con nombre de humanos?

Lo que ellos sabían radicaba propiamente en que al preguntar Jesús a Sus discípulos acerca de lo que le gente decía de El, ellos respondieron citando nombres de profetas muertos:

**Mateo 16:13-14** Cuando llegó Jesús a la región de Cesarea de Filipo, preguntó a sus discípulos, diciendo: ¿Quién dicen los hombres que es el Hijo del Hombre? **14** Y ellos dijeron: Unos, **Juan el Bautista**; y otros, **Elías**; pero otros, **Jeremías o uno de los profetas**.

Otra versión de la Biblia lo dice de otra manera:

**Mateo 16:13-14** Al llegar a Cesárea de Filipo, les preguntó: ¿Quién dice la gente que soy? **14** Bueno le respondieron, algunos dicen que eres **Juan el Bautista**; otros, que eres **Elías**; y otros, que eres **Jeremías o alguno de los profetas**.

A esta altura de la historia, todavía no existía la doctrina de la reencarnación como la tienen algunos sectores religiosos, aunque la realidad es que no existe; entonces ¿qué sabían de la influencia de los espíritus humanos? Porque si bien es cierto que la reencarnación no existe ni ha existido, la influencia de espíritus humanos sí existe desde hace muchísimos años como ya lo pudiste comprobar a la luz de la palabra de Dios; tanto de espíritus de humanos vivos como de espíritus de humanos muertos, lo cual es totalmente diferente a espíritus inmundos porque esto también ya lo expliqué ampliamente.

## CRONOLOGÍA DE MATEO 16:13-14

Cuando Jesús pregunta respecto a qué era lo que decía la gente de El, surge lo siguiente:

- ✓ **Juan el Bautista:** recientemente había muerto.

- ✓ **Elías:** había sido arrebatado entre los años 801 A.C.

- ✓ **Jeremías:** muerto entre el año 585 a 586 A.C. de 65 años y Jesús tenía 30 años, la diferencia de edades era notoria como para decir que Jesús era Jeremías, por consiguiente estaban refiriéndose a la influencia del espíritu de Jeremías que ellos creían que estaba funcionando sobre Jesús, pero obviamente no era así.

✓ **Alguno de los profetas:** haciendo referencia de los que habían muerto.

Esto me deja ver que realmente había conocimiento de la influencia de espíritus de humanos que podían ejercer lo positivo sobre otros.

Lamentablemente, esa influencia también tiene una parte negativa de la cual Dios quiere que aprendas a reconocer qué espíritu podría estarte gobernando y renunciar a eso.

Ahora observa otro ejemplo respecto siempre a la influencia de los espíritus de humanos; para tener claro el contexto tomaremos varios versículos:

**En la primera parte**, puedes ver la conversación del rico, pidiéndole a Abraham le envíe a Lázaro:

**Lucas 16:22-26** Y sucedió que murió el pobre y fue llevado por los ángeles al seno de Abraham; y murió también el rico y fue sepultado. ²³ En el Hades alzó sus ojos, estando en tormentos, y vio* a Abraham a lo lejos, y a Lázaro en su seno. ²⁴ Y gritando, dijo: "Padre Abraham, ten misericordia de mí, y envía a Lázaro para que moje la punta de su dedo en agua y refresque mi lengua, pues estoy en agonía en esta llama." ²⁵ Pero Abraham le dijo:

## Las Influencias de Los Espíritus Vivos o de Los Muertos

"Hijo, recuerda que durante tu vida recibiste tus bienes, y Lázaro, igualmente, males; pero ahora él es consolado aquí, y tú estás en agonía. **26** "Y además de todo esto, hay un gran abismo puesto entre nosotros y vosotros, de modo que los que quieran pasar de aquí a vosotros no puedan, y tampoco **nadie pueda cruzar de allá a nosotros.**"

**En la segunda parte** está la conversación:

- ✓ **El rico:** manda a Lázaro (El muerto) a que hable a mis hermanos.
- ✓ **Abraham:** tienen a Moisés y los profetas (muertos) que oigan a ellos.
- ✓ **El rico:** insiste que vaya Lázaro uno de entre los muertos.
- ✓ **Abraham:** si no escuchan a Moisés y a los profetas (muertos) no oirán a Lázaro.

**Lucas 16:27-31** Entonces él dijo: "Te ruego, pues, padre, que lo envíes a la casa de mi padre, **28** pues tengo cinco hermanos, de modo que él los prevenga, para que ellos no vengan también a este lugar de tormento." **29** Pero Abraham dijo: "**Ellos tienen a Moisés y a los profetas**; que los oigan." **30** Y él dijo: "No, padre Abraham, sino que **si alguno va a ellos de entre los muertos**, se arrepentirán." **31** Mas Abraham le contestó: "**Si no escuchan a Moisés y a los profetas,** tampoco se persuadirán **si alguno se levanta de entre los muertos."**

Lo que está aquí descrito es lo mismo que puedes encontrar en tu Biblia, lo cual no es una fábula ni nada por el estilo como lo han dicho algunos lideres religiosos, no es la narración de algo tan simple, es una situación que está teniendo lugar en el inframundo y se está haciendo referencia de una solicitud que tenga lugar en el mundo físico, basado en la influencia de los espíritus humanos.

## Otro ejemplo bíblico

**Mateo 17:1-4** Seis días después, Jesús tomó consigo a Pedro, a Jacobo y a Juan su hermano, y los llevó aparte a un monte alto; ² y se transfiguró delante de ellos; y su rostro resplandeció como el sol, y sus vestiduras se volvieron blancas como la luz. ³ Y he aquí, **se les aparecieron Moisés y Elías** hablando con El. ⁴ Entonces Pedro, tomando la palabra, dijo a Jesús: Señor, bueno es estarnos aquí; si quieres, haré aquí tres enramadas, una para ti, otra para Moisés y otra para Elías.

Los discípulos vieron a Moisés y Elías que hablaban con Jesús, razón por la cual Pedro sugiere las enramadas, pero el punto es el siguiente:

- ✓ **Elías estaba vivo:** ya había sido arrebatado de la Tierra.

- ✓ **Moisés estaba muerto:** su espíritu fue a Dios y regresó sólo su espíritu, no está resucitado en su ser integral.

Nuevamente puedo decir que para ese entonces ya existía la influencia de espíritus humanos con propósitos divinos para que se cumpliera la voluntad de Dios; pero, como ya lo mencioné, Satanás tenía el conocimiento y lo pone en práctica bajo una perspectiva negativa.

## Influencias De Los Espíritus Humanos De Los Muertos

Si no existiera la posibilidad de influencia de espíritus humanos de los muertos, Dios no hubiera dejado una advertencia a ese respecto, por eso la orden de Dios es **no consultar a los muertos bajo una perspectiva de ley.**

Debes recordar que una ley se emite porque existen los considerando; me refiero a que, considerando a que algunos han consultado a los muertos y estos han respondido; Dios establece una ley para que fuera prohibido y que Su pueblo no fuera contaminado.

# La Costumbre De Consultar A Los Muertos

**Deuteronomio 18:9-11** Cuando entres en la tierra que el SEÑOR tu Dios te da, no aprenderás a hacer las cosas abominables de esas naciones. **10** No sea hallado en ti nadie que haga pasar a su hijo o a su hija por el fuego, ni quien practique adivinación, ni hechicería, o sea agorero, o hechicero, **11** o encantador, o médium, o espiritista, **ni quien consulte a los muertos**.

La ley es la prohibición de consultar muertos porque si lo hacen les van a responder y esa respuesta los contaminaría desde el punto de vista de la influencia que ejercen.

**Isaías 8:19 (BDA2010)** Les dirán, sin duda: «**Consulten a los espíritus de los muertos**, y a los adivinos que murmuran y susurran. ¿No debe, acaso, un pueblo consultar a sus dioses, **pedir consejo a los muertos** sobre los asuntos de los vivos…

Esto lo dejo escrito para que puedas ver entonces que la posibilidad de consultar muertos, existe pero al hacerlo estás desagradando a Dios y abriendo una puerta de contaminación a tu vida que puedes terminar con una atadura o influencia negativa que puede manipular Satanás.

## ¿Qué Son Los Espíritus De Los Humanos Muertos?

- ✓ Estos espíritus no son entidades demoníacas ni espíritus de maldad, aunque en determinado momento pueden transformarse por la influencia que ejercen las tinieblas en el ámbito espiritual propiamente, de tal manera que pasan a ser, de espíritu humano de un muerto para ser un espíritu inmundo de los lugares celestiales; pero debo dejarlo claro, en su primera faceta no son espíritus demoníacos, aunque también existen espíritus de humanos que son malos.

- ✓ Los espíritus humanos son aquellos que quedaron atrapados en la dimensión física.

- ✓ En algunos casos debido a experiencias traumáticas, por una conexión emocional, un ritual, pactos, etc.

- ✓ Son llamados sombras, fantasmas, espíritus refaim, esto es según la Biblia.

## ¿Qué Puede Dar Lugar A Que Un Espíritu Humano

## ¿Quede Atrapado?

Esto se debe a causa de las rebeliones contra Dios lo cual no es nuevo, siempre ha existido, un ejemplo lo puede ver en la rebelión de Luzbel, ángeles, aún humanos con vida, etc.

A continuación describiré la razón de esa forma de quedar atrapados, aunque son sólo algunas de las razones porque también estoy consciente que no son todas por tratarse de una situación muy compleja:

- ✓ **Atrapado en lo material:** atrapados a sus bienes materiales como lo son inmuebles, dinero, etc. Esto puede ser debido a que la gente tiene un descontrol en su ambición por tener cosas materiales, quieren cada vez más y más. De pronto la muerte los sorprende y no lograron despegarse de todo lo que acumularon, eso los hace quedar atrapados en todo eso.

En su momento estuve en contacto con una persona que, viviendo en una casa de cierto lugar; escuchaba como en el techo, corría un ser; la persona salía para ver qué era lo que sucedía y no veía nada. Me llamó pidiendo ayuda y fue solamente por la guianza del Espíritu Santo quien me dijo que era un espíritu humano que se había quedado atrapado en aquella casa; de tal manera que le ordené que se rompiera el vínculo físico con ese espíritu para que saliera inmediatamente y así fue, después de unos minutos de estar orando y reprendiendo, se escuchó un fuerte viento y no se volvieron a escuchar los pasos en aquel lugar.

Esto lo menciono para testificar que existe esa situación de espíritus de humanos muertos que han quedado atrapados en la dimensión física por lo que han dejado.

- ✓ **Atrapado emocionalmente:** por las personas que se quedan en vida lamentando la pérdida del ser querido y no aceptan su partida.

Por lo regular son personas que están muy conmovidas en su alma y mientras están en el cementerio viendo el entierro se atreven a realizar pactos diciendo que no olvidarán a esa persona, etc. En ese momento se establece un vínculo emocional y hace que se queda el espíritu humano muerto, atrapado por cuestión emocional, se le reclama por qué se va, por qué dejaron a determinada persona.

En este caso también he tenido la oportunidad de ver cómo el espíritu humano se podía ver lo que llegaba a hacer a la casa donde vivió con su familia.

- ✓ **Tipo de muerte:** la diferencia en la muerte natural y una trágica o repentina; eso significa el no saber qué ha pasado, no comprender qué les está sucediendo o simplemente no ser conscientes ni siquiera de que han abandonado su propio cuerpo.

- ✓ **Atrapados en lo inconcluso:** algo importante e inconcluso que estuvo presente en el último aliento de vida, no se marchan por esa misma razón, han dejado algo sin poderlo concluir.

Anteriormente expliqué brevemente que los espíritus de humanos atrapados en la dimensión física, son llamados de diferentes formas; ahora observa la base bíblica:

**Mateo 14:26** Y los discípulos, viéndole andar sobre el mar, se turbaron, y decían: **¡Es un fantasma!** Y de miedo, se pusieron a gritar.

**Mateo 14:26 (Brit Xadasha 1999)** Y los talmidim del Mashíax, viéndole andar sobre el mar, se turbaron, diciendo: **¡Un rúax refaim** *(fantasma)*! Y dieron voces por paxad *(miedo)*.

**Refaim**: espíritus de los muertos.

Los refaim son presentados repetidamente en la Biblia como seres sin redención.

1) Sombras de los muertos (**Isaías 26:14**; la RVA traduce: han fallecido).

2) Refaítas, antiguos habitantes de la tierra de Canaán.

**Job 26:5 (CJ)** Las Sombras *(refaim)* tiemblan bajo tierra, las aguas y sus habitantes se estremecen.

**Job 26:5 (BDA2010)** Tiemblan los muertos *(refaim)* bajo tierra, los mares y los que habitan en ellos se estremecen.

**Mateo 14:26 (ENV)** Y los talmidim viéndolo andar sobre el mar, se turbaron, diciendo: ¡Es un ruaj! y gritaron de miedo.

**Mateo 14:26 (MH-DuTillet-YA)** Pero cuando ellos lo vieron caminando sobre el mar, se aterrorizaron, y dijeron: ¡Es un espíritu vicioso! y gritaron de miedo.

**Mateo 14:26 (VM2)** Y los discípulos, viéndole andar sobre el mar, se turbaron, diciendo: ¡Es un aparecido! y de miedo comenzaron a dar voces.

Otro ejemplo de la palabra refaim traducida como **muertos**, la puedes ver en:

**Proverbios 21:16** El hombre que se aparta del camino de la sabiduría vendrá a parar en la compañía de los muertos. (influencia)

**Proverbios 21:16 (MN)** El hombre que se aparta del sendero de la prudencia tendrá su morada en la asamblea de las sombras de los muertos.

**Proverbios 21:16 (NBLH)** El hombre que se aparta del camino del saber Reposará en la asamblea de los muertos.

- ✓ Una congregación de individuos más allá de la tumba.

- ✓ Por su prevaricación, terminan congregándose en un grupo aparte.

- ✓ Los refaim son los perdidos en el mundo de los muertos.

Tienes mucho material para poderlo investigar, por esa razón he dejado muchas citas y que lo compruebes y seas cada vez más fortalecido en el nombre de Jesús y que seas debidamente advertido

## Las Influencias de Los Espíritus Vivos o de Los Muertos

sobre la operación de las tinieblas para no ser víctima en ningún momento.

# Las Consecuencias Espirituales

# Capítulo 5

Debes saber que toda causa tiene un efecto, sea positivo o negativo; lo mimo sucede con toda transferencia espiritual, tiene una consecuencia positiva o negativa, es decir, si la transferencia es buena como el ejemplo de Moisés que pudiste ver en el capítulo anterior, donde Dios permitió que el espíritu de aquel varón estuviera en 70 hombres que Moisés escogió para que fungieran como él en la ministración al pueblo de Dios, al punto que, como Moisés era Profeta, ellos también llegaron a profetizar; así de poderosa es la consecuencia, el problema es que si la transferencia es negativa, la consecuencia también lo será.

La situación con esto es que nadie vive sin ser influenciado espiritualmente, se obtiene la influencia de los espíritus de Dios si buscas Su llenura en todo momento, aunque también tendrás batalla de parte de las tinieblas, pero podrás hacerles frente si has sido influenciado de parte Suya; el problema es que si fuiste influenciado por espíritus que no están del lado de Dios, obviamente estarás caminando bajo una influencia de espíritus inmundos o de humanos pero en lo negativo.

Dentro de las consecuencias negativas por transferencias que no son de parte de Dios, podrás aprender en este capitulo lo siguiente:

## Las Transferencias Espirituales Generacionales

✓ Los círculos viciosos.

✓ La transferencia de espíritus.

✓ Los ciclos negativos.

## La Necesidad De Reconocer Las Influencias

Es importante reconocer qué influencias has tenido en tu vida, considerando que no es una situación que de pronto está saliendo a la luz, sino que, desde el tiempo de Moisés ya estaba esta doctrina, cuando estuvo Jesús en la Tierra, tenían claro el concepto de cómo funcionaba, de tal manera que en determinado momento el Señor les dice estas palabras:

**Lucas 9:54-55** Al ver esto, sus discípulos Jacobo y Juan, dijeron: Señor, ¿quieres que mandemos que descienda fuego del cielo y los consuma? **55** Pero El, volviéndose, los reprendió, y dijo: **Vosotros no sabéis de qué espíritu sois...**

A estas alturas de estar siendo adoctrinados por Jesús, Jacobo y Juan sabían con certeza de lo que era capaces de hacer por la influencia que ya habían recibido en sus vidas por parte de Jesús, al punto que pudieron hacer que descendiera fuego del cielo para que consumiera toda una aldea, pero Jesús los reprendió porque no era ese el propósito de todo lo que hasta ese momento tenían activado en sus vidas; aunque como ejemplo, puedes ver que ellos tenían tal convicción porque sabían que en el pasado, el Profeta Elías lo había hecho orando a Dios y descendió fuego en el Monte Carmelo; entonces ellos pretendieron hacer lo mismo, aunque para eso, debieron tener la convicción de qué es lo que Dios ya les había transferido.

Observa el versículo **Lucas 9:55** en otras versiones de la Biblia:

**Lucas 9:55 (PSH 2015)** Pero Él se volvió, y reprendiéndolos dijo: **Ustedes no se dan cuenta de qué espíritu son…**

**Lucas 9:55 (Oro)** Pero Jesús vuelto a ellos los reprendió, diciendo: **No sabéis a qué espíritu pertenecéis.**

Con esto lo que estoy dando a entender es que, si bien es cierto que Jacobo y Juan tenían poder de parte de Dios, el espíritu que los estaba influenciando, no lo era; esto también es importante considerarlo porque ellos tenían poder que Dios les había delegado pero en determinado momento estaban siendo influenciados por otro espíritu para que actuaran incorrectamente, teniendo así una personalidad, conducta y pensamientos que no los dejaba ser aquella persona con valores, principios y una serie de virtudes que ya habían recibido de Jesús.

El pasaje a continuación, es parte de una profecía concerniente al Señor Jesucristo, la cual hace referencia a la influencia de los espíritus de parte de Dios, una influencia sublime:

**Isaías 11:2** Y reposará sobre Él el Espíritu de Jehová; espíritu de sabiduría y de inteligencia, espíritu de consejo y de poder, espíritu de conocimiento y de temor de Jehová.

Mientras Jesús desarrolló Su ministerio en los 3 años y medio, era influenciado por los 7 espíritus de parte de Dios; influencia diferente a los espíritus que influenciaron a Jacobo y Juan.

## Las 7 Influencias De Dios

| | |
|---|---|
| 1.- El Espíritu del Señor | 1.- Ruwach YHWH |
| 2.- El Espíritu de Sabiduría | 2.- Ruwach Chochmac |
| 3.- El Espíritu de Inteligencia | 3.- Ruwach Binah |
| 4.- El Espíritu de Consejo | 4.- Ruwach Esa |
| 5.- El Espíritu de Poder | 5.- Ruwach Gibbor |
| 6.- El Espíritu de Conocimiento | 6.- Ruwach Daath |
| 7.- El Espíritu de Temor | 7.- Ruwach Yirah |

Por supuesto que cada uno de estos espíritus sería motivo para desarrollar un estudio adecuadamente que, te invito a que ahondes en la palabra de Dios para encontrar la riqueza espiritual que existe en cada uno de estos espíritus, considerando que, estando en Cristo, lo que El recibió, también tú lo puedes recibir.

Por eso es importante que cuides tu vida de transferencias negativas y que no permitas la contaminación por ninguno de los medios que ya has aprendido como la imposición de manos o cualquier otra forma de puerta dimensional, incluso por objetos que han sido consagrados por rituales o que pertenecen a una atmósfera o práctica específica de las tinieblas, entiéndase con esto el hecho de visitar lugares arqueológicos históricos que se desconoce qué es lo que ahí practicaba en la antigüedad como lo son los templos Mayas, Aztecas, etc.

Peor aún el hecho de llevar consigo mismo un amuleto como la máscara de un sacerdote Maya del cual se desconoce cuál era su dedicación o qué significa, así como pretender adornar la sala de tu casa con ese tipo de máscaras que son puertas dimensionales; por supuesto que, si lo has hecho por falta de conocimiento, no tienes de qué avergonzarte, pero si ese es el caso, debes limpiar tu casa y deshacerte de ese tipo de amuletos por la misma razón que ya expuse: son puertas dimensionales que usan los brujos, hechiceros y todos aquellos que se dedican a la práctica del ocultismo.

Deshacerse de ese tipo de cosas no significa que las regales a personas que desconocen lo que esto conlleva o significa, porque en todo caso lo que estarás haciendo es trasladando el mal a otra persona, en lugar de cerrar la puerta a toda posibilidad de daño que puedan causar las tinieblas; lo que te corresponde hacer es destruir de cualquier forma esos objetos para que no cumplan su propósito de maldad.

**Isaías 5:13 (LBA) Por eso va cautivo mi pueblo por falta de discernimiento**; sus notables están muertos de hambre y su multitud reseca de sed.

Hoy estás adquiriendo el conocimiento de parte de Dios para poder discernir los ambientes espirituales y que no seas presa del adversario, si en el pasado no lo sabías, gracias a Dios hoy llegó el momento de la luz de Jesús bajo esta perspectiva a tu vida y tu familia; ahora debes hacer lo que te corresponda para vivir en la libertad a la que el Señor Jesucristo te ha llamado.

# Los Círculos Viciosos y Los Ciclos Negativos

La mayoría de personas no comprenden cómo operan los círculos viciosos, algunos los llaman ciclos viciosos y lo entienden como cosas repetitivas, pero eso no ayuda mucho. Los círculos viciosos es algo diferente que tiene lugar por medio de transferencia de espíritus.

## Los círculos viciosos

Se definen así mismo, es decir, se vuelve vicioso algo por causa del círculo al que se pertenece. Una persona se vuelve viciosa o tiene un ritmo de vida vicioso, por ser parte de un círculo vicioso, de un ambiente incorrecto o una atmósfera tóxica espiritualmente. De manera que el derecho legal del círculo vicioso en el que cae una persona es mediante la asociación, lo cual nuevamente deja ver la influencia que ejerce una persona o un grupo de personas, manipulando a otra al punto de llevarla a que se convierta en alguien esclavo o vicioso de algo o alguien.

## La transferencia de espíritus

Viene por el derecho legal cedido al ser parte de los los círculos viciosos. Obviamente que si estás en medio de círculos viciosos, sea cual sea; habrá espíritus de las tinieblas que ejercerán influencia sobre tu vida, haciendo que todo lo que tengas de parte de Dios, lo vayas perdiendo para no tener el discernimiento sobre aquello que es peligroso a tu vida hasta que finalmente seas como uno de ellos.

Si lo quieres ver de una forma muy práctica y actual, puedo decir que una persona contagiada del virus que actualmente está afectando a toda la humanidad; puede contagiar a todo un grupo de personas que no están guardando las recomendaciones de precaución, pero el proceso de contagio es paulatino aunque se termina de desarrollar en algunos días, no es de un momento a otro que se manifiesta. Lo mismo sucede con el efecto de la transferencia de espíritus negativos.

## Los ciclos negativos

Son el resultado del círculo y la transferencia de espíritus, a partir de ahí se entra en los ciclos viciosos, lo cual es la repetición viciosa de la contaminación o infección espiritual interior que produjo el círculo vicioso. La asociación incorrecta es la que establece los círculos viciosos, pero es a partir de aquí de donde se establece una esclavitud porque la persona no podrá salir de los ciclos negativos.

Con mucho respeto a tu persona, y sin el ánimo de que te sientas aludido, principalmente porque este equipamiento tiene como principal objetivo la prevención a que no seas víctima de las tinieblas; quiero dejar escrita una cita bíblica, aunque la Biblia lo hace de manera respetuosa, considero también que es una cita que define de una forma muy clara la condición cíclica a la que estoy refiriéndome:

**2 Pedro 2:20-22** Porque si después de haber escapado de las contaminaciones del mundo por el conocimiento de nuestro Señor y Salvador Jesucristo, de nuevo son enredados en ellas y vencidos, **su condición postrera viene a ser peor que la primera**. [21] Pues hubiera sido mejor para ellos no haber conocido el camino de la justicia, que habiéndolo conocido, apartarse del santo mandamiento que les fue dado. [22] Les ha sucedido a ellos según el **proverbio verdadero**: EL PERRO VUELVE A SU PROPIO VOMITO, y: La puerca lavada, vuelve a revolcarse en el cieno.

**Proverbios 26:11** Como perro que vuelve a su vómito es el necio que repite su necedad.

Dicho en otras palabras, la persona que cae en ciclos viciosos, es similar a los animales que se describen en estos versículos, pero los animales lo hacen porque es parte de su forma de vida.

Ahora bien, de esto mismo Jesús enseñó como parte de un principio en guerra espiritual porque nadie sabía que existían espíritus que se convierten en cíclicos por causa de la actitud de una persona, porque un espíritu puede salir por la autoridad de otra persona en el momento de una liberación, pero el espíritu puede regresar al lugar de donde lo echaron y cuando encuentra el mismo lugar en mejores condiciones que antes, invita a 7 peores que él y entra nuevamente, solamente que esta vez con sus invitados:

**Mateo 12:43-45** Cuando el espíritu inmundo sale del hombre, pasa por lugares áridos buscando descanso y no lo halla. **44** Entonces dice: "Volveré a mi casa de donde salí"; y cuando llega, la encuentra desocupada, barrida y arreglada. **45** Va entonces, y toma consigo otros siete espíritus más depravados que él, y entrando, moran allí; **y el estado final de aquel hombre resulta peor que el primero. Así será también con esta generación perversa**.

Todo lo que hasta aquí has aprendido, es parte de las consecuencias espirituales por las transferencias negativas.

## DINÁMICA DE LOS CICLOS VICIOSOS

Antes de entrar propiamente a lo que se refiere este tópico, es necesario explicar lo siguiente:

## ¿QUÉ ES UN CICLO?

Un ciclo es la secuencia de un evento o secuencias de conductas que tienen un inicio, un desarrollo, pero no se finalizan, de manera que continúan repitiéndose.

También se trata de la secuencia de etapas que atraviesa un suceso de características periódicas y del grupo de fenómenos que se reiteran en cierto orden.

Ahora bien, el problema de no finalizar un ciclo es que, en su repetición, se convierte en algo más exigente para las personas, por ejemplo:

## LOS CICLOS

- ✓ Las cosas negativas que se repiten, la siguiente vez se harán en mayor intensidad.

- ✓ Se dará en niveles más altos, más potentes y más fuertes. Cada vez que se repita un problema o una batalla, será peor.

- ✓ Cada vez más frecuentes, de manera que los lapsos de tiempo de repetición, se van acortando más y más. De tal manera que, si al principio la repetición del problema era cada año, cuando se repita el ciclo del mismo problema, lo hará cada 6 meses, después cada 3 meses, luego cada mes, etc., pero con la característica que será más intenso porque el propósito de las tinieblas es debilitar totalmente aquella vida para destruirla por completo.

Ahora serán situaciones crónicas porque llevan la influencia de un síndrome, porque reúnen todo un conjunto de conflictos o problemas que dan lugar a las batallas de siempre.

Con este tema aprenderás de ese conjunto de cosas que dan lugar al síndrome y las cosas que son crónicas, pero aprenderás a cómo romperlas en el nombre de Jesús.

## Los Ciclos De Israel En El Período De Los Jueces

Por supuesto que ese tipo de situaciones se han intensificado porque el tiempo es final y Satanás sabe que le queda poco tiempo, sin embargo los ataques cíclicos no son nuevos, esa estrategia de ataque viene desde la antigüedad. En el Antiguo Testamento puedes ver cómo es que Israel hacia lo malo delante de Dios una vez y otra y otra.

En la Biblia, el mejor ejemplo de males cíclicos fue el período de apostasía de Israel durante los días de los jueces que duró 320 años, aunque también es cierto que, para que un ciclo de males exista, primero tuvo un inicio.

**Jueces 2:11,14 (LBA)** Entonces los hijos de Israel **hicieron lo malo** ante los ojos del SEÑOR y sirvieron a los baales, **14** Y se encendió la ira del SEÑOR contra Israel, y los entregó en manos de salteadores que los saquearon; y los vendió en mano de sus enemigos de alrededor, y ya no pudieron hacer frente a sus enemigos.

El pueblo de Israel hizo lo malo pero no tomaron las advertencias de Dios como parte de los mandamientos para vivir en la Tierra prometida; Dios les mandaba a que no hiciera imágenes idolátrica, aunque también les mandaba que se cuidaran de no mezclarse con otros pueblos para que su genética no se viera afectada en cuanto a los pecados que traían los pueblos de la Tierra, porque la repercusión sería espiritual y aún física con las taras en las que podían caer sus descendientes.

## La Repetición De Males o Batallas Cíclicas

**Jueces 3:7 (LBA) Y los hijos de Israel hicieron lo malo** ante los ojos del SEÑOR, y olvidaron al SEÑOR su Dios, y sirvieron a los baales y a las imágenes de Asera.

**Jueces 3:12 (LBA) Volvieron los hijos de Israel a hacer lo malo** ante los ojos del SEÑOR. Entonces el SEÑOR fortaleció a Eglón, rey de Moab, contra Israel, porque habían hecho lo malo ante los ojos del SEÑOR.

Otros de los versículos donde puedes ver que **Israel volvió a hacer lo malo** a los ojos de Dios, son los siguientes:

**Jueces 4:1 (LBA)** Cuando murió Aod, **los hijos de Israel volvieron a hacer lo malo** ante los ojos del SEÑOR.

**Jueces 6:1 (LBA) Los hijos de Israel hicieron lo malo** ante los ojos del SEÑOR, y el SEÑOR los entregó en manos de Madián por siete años.

**Jueces 10:6 (LBA) Los hijos de Israel volvieron a hacer lo malo** ante los ojos del SEÑOR, sirvieron a los baales, a Astarot, a los dioses de Aram, a los dioses de Sidón, a los dioses de Moab, a los dioses de los hijos de Amón y a los dioses de los filisteos; abandonaron, pues, al SEÑOR y no le sirvieron.

**Jueces 13:1 (LBA) Y los hijos de Israel volvieron a hacer lo malo** ante los ojos del SEÑOR, y el SEÑOR los entregó en manos de los filisteos por cuarenta años.

## ¿QUÉ ERA LO MALO QUE HACÍAN?

Exactamente lo mismo y no lograron discernir que estaban influenciados por una transferencia negativa, quizá porque la primera vez no lograron detener a tiempo el pecado, pero a partir de la segunda vez debieron haberlo discernido porque era el mismo problema, pero no pudieron verlo.

Durante 320 años los israelitas, en los días de los jueces, repitieron sus pecados, males, sus batallas etc., eso fue desde el año 1370 a 1050 A.C.

Los ciclos eran los siguientes:

- ✓ La apostasía.

## Las Transferencias Espirituales Generacionales

- ✓ La opresión.

- ✓ El lapso de duración (tiempo) de la consecuencia.

- ✓ La liberación.

Y luego se seguía repitiendo el ciclo.

- ✓ Las repeticiones de males se llaman ciclos.

- ✓ Los sustentadores de los ciclos son los círculos viciosos.

Si se logra anular el círculo vicioso, no habrá peligro de estar en un ambiente donde haya transferencias negativas de espíritus, influencias, pensamientos, etc.

## Los Círculos Viciosos

Este punto lo describí ampliamente en los capítulos anteriores, pero considero necesario volver a mencionarlo por lo que verás posteriormente. El Apóstol Pablo fue quien describió cómo se establecen los círculos viciosos y utiliza la palabra yugo desigual, de lo cual hay 2 ángulos: El de Cristo y el de Pablo.

**2 Corintios 6:14-15 (LBA)** No estéis unidos en **yugo desigual** con los incrédulos, pues ¿qué **asociación** tienen la justicia y la iniquidad? ¿O qué **comunión** la luz con las tinieblas? 15 ¿O qué **armonía** tiene Cristo con Belial? ¿O qué tiene en **común** *(PARTE)* un creyente con un incrédulo?

## El Propósito Del Yugo

Cada yugo tiene la intención de reproducir lo que sucede de un lado hacia el otro.

- ✓ Desde el punto de vista de un buey a otro, es transmitir su entrenamiento.

- ✓ Desde el punto de vista de una persona a otra, es transmitir su intención, su ideas, sus hábitos, su propósito, etc.

## El Yugo De Los Círculos Viciosos

No repetiré todo lo que ya pudiste ver en los capítulos anteriores, solamente quiero resaltar los 4 puntos más importantes que describe el Apóstol Pablo:

## Las Transferencias Espirituales Generacionales

- ✓ Asociación
- ✓ Comunión
- ✓ Armonía
- ✓ Parte o común

## Ejemplos Bíblicos Del Peligro En Yugos Desiguales

**Génesis 6:4 (BTA)** Es de notar que en aquel tiempo había gigantes sobre la tierra; porque después que los hijos de Dios se **juntaron (Unieron)** con las hijas de los hombres y ellas concibieron, salieron a luz estos valientes del tiempo antiguo, héroes famosos.

Según algunas fuentes muy antiguas y basadas en la narración de Génesis 6, el libro de Enoc describe algunos inventos que los ángeles caídos enseñaron a los hombres.

Por supuesto que el libro de Enoc no pertenece a la Biblia, no es del canon bíblico, sin embargo la Biblia lo menciona en el libro de Judas, entonces ¿qué sabía Enoc a este respecto?

El libro de Enoc dice que los ángeles caídos, los cuales no son más que creaturas de Dios que se rebelaron con El, renunciando así a su preeminencia, a su posición, a lo divino que tenían para no servirle más a Dios; en su rebelión, descendieron a la Tierra y tomaron mujeres, pero no a la fuerza, sino que fueron seducidas. Pero el punto es que esos seres enseñaron a los hombres sus inventos, entre ellos:

✓ La brujería, encantamientos, magia.

✓ Las propiedades de las raíces y los árboles, con lo cual hacían drogas que son utilizadas por los brujos hasta hoy día haciendo ciertos brebajes con los cuales entran en trance y entran a otra dimensión; ese tipo de brebajes son alucinógenos los cuales los hacen que puedan ver potestades, etc., la combinación de qué raíces y de qué árboles fue enseñada por ellos para poder controlar la glándula pineal que todo hombre tiene, solamente que fue adormecida por Dios el día que Adán cayó en pecado.

La glándula pineal es un órgano muy pequeño, pero con grandes propiedades que estuvieron funcionando en Adán antes de su caída, era a través de esa glándula que sus sentidos alcanzaban la capacidad para ver paralelamente lo que sucedía en otro reino que existía, pero en el momento en que Adán peca, Dios le cierra esa glándula, la apaga para que el hombre no viera la otra dimensión de una forma simple.

Ahora esa situación tiene lugar a través de un don para que funcione como discernimiento, pero los brujos la activan de forma temporal con brebajes alucinógenos y así ver lo que se mueve de forma paralela en otra dimensión; pero obviamente que eso no es de Dios, acceder a ese tipo de cosas es caer en desobediencia. De toda esta situación que tiene lugar el hombre a través de la drogas, he tenido la oportunidad de enseñar plenamente en libros anteriores.

- ✓ La astronomía, astrología, horóscopo.
- ✓ Los números, agricultura, medicina.
- ✓ La guerra, las espadas, las armas para la guerra.
- ✓ Las clonaciones.

Si consideras el tiempo en el que existió Enoc y que tuvo el tiempo para recabar la información de lo que ya sucedía en aquel entonces; significa que todo eso debió empezar desde mucho más tiempo atrás, pero no solamente eso sino que, considera que ha venido de tiempo en tiempo hasta el siglo XXI, usado por personas al servicio de las tinieblas.

Lamentablemente hay gente incrédula a este respecto; personalmente quiero decirte que no gano ni pierdo con esa incredulidad, lo lamento mucho, porque aunque haya incredulidad, toda esa situación no se detendrá, peor aún, esa incredulidad sirve para que la gente no ponga barreras y que las tinieblas obren desmesuradamente en ellos.

Caso contrario cuando alguien que está buscando a Dios y está siendo instruido en guerra espiritual como tú; logras tener el discernimiento para saber qué está sucediendo en algún lugar por los olores o por las atmósferas en general, porque también puedo decir que existen diferentes nahuales por el rango que tienen, por ejemplo:

1. **Nahual jaguar**, tiene la potestad de transformarse precisamente en jaguar, lo cual corresponde a los chamanes y jefes mayores.

2. **Nahual ocelote**, es para jefes políticos menores, es un rango menor.

**3. Nahual coyote**, también tienen la potestad de convertirse en coyote por el nivel en el que viven.

**4. Nahual zarigüeya**, es el nivel más común.

Es interesante que sean 4 niveles y la Biblia describe también 4 niveles de potestades:

**1.** Principados.

**2.** Gobernadores.

**3.** Autoridades.

**4.** Huestes.

Otro punto que debo aclarar aquí es que un nahual como tal, tiene la característica que, siendo hombre, puede convertirse en un animal de sexo macho; así como hay transformación de entidades femeninas que se convierten en animales pero de sexo hembra, de tal manera que esto no es entonces por ser nahual, sino que, se llama theriamorfic, es una palabra de origen griego que se utiliza para referirse a bestia en el Nuevo Testamento de la Biblia.

Cabe mencionar todo esto porque es lo que enseñaron los ángeles caídos con los que las hijas de los hombres se unieron a voluntad y obviamente les trasladaron su conocimiento y dentro de todo eso estaba la rebelión contra Dios o sea, ellos eran portadores de algunas cosas que no debían enseñar para que la humanidad no cayera en desobediencia a Dios, pero lo enseñaron precisamente para eso, para que desagradaran Su corazón y que su proceso de restauración fuera más difícil en cuanto a dejar lo que no les corresponde tener.

Otro ejemplo bíblico de yugo desigual es el siguiente:

**Números 11:4** Y la **multitud de raza mixta** que había entre ellos tuvo un vivo deseo, y los hijos de Israel también volvieron a llorar y dijeron: ¡Quién nos diera a comer carne!

Otras versiones de la Biblia usan términos diferentes a multitud, y usan palabras como estas:

✓ Vulgo, chusma, populacho, gente extranjera, la gentuza.

A los israelitas se les activó los deseos de Egipto por estar mezclados o unidos a los paganos, porque cuando Israel salió de aquella tierra, no eran solamente ellos, sino que habían otras razas, iban mezclados como parte de la operación del diablo para poderlos contaminar muy rápidamente; eran espíritus humanos con el epíteto de gentuza para contaminar al pueblo de Dios, por supuesto que ellos también tuvieron un receptor muy débil para permitir que les transfirieran lo que se suponía habían dejado atrás.

Hasta aquí entonces has podido ver los espíritus humanos de vivos, así como de espíritus humanos de muertos, para que pudieras tener la panorámica que difiere de lo que son los espíritus inmundos.

## Los Espíritus Humanos Más Peligrosos

Ahora bien, debes saber que en la Biblia existen advertencias y exhortaciones de costumbres que el pueblo de Dios no debe practicar porque son actitudes, personalidad o mentalidad de hombres que ya no viven, pero Dios sigue utilizando sus nombres para advertir que no se haga lo mismo por lo que hicieron influenciando a otros de forma negativa, por ejemplo:

1. El espíritu de Esaú.
2. El espíritu de Ismael.
3. El espíritu de Caín.

**4.** El espíritu de Balaam.
**5.** El espíritu de Coré.
**6.** El espíritu de Saúl.
**7.** El espíritu de Jezabel.

Estos fueron personajes de ciertas familias, hijos de algunos patriarcas, algunos sobresalieron por su oficio, otros por la actitud de rebelión que demostraron en determinado momento; pero lo interesante es que existieron en el Antiguo Testamento y ahora son mencionados en el Nuevo Testamento advirtiendo muy enfáticamente, como lo hace con Jezabel en el libro de Apocalipsis que, a pesar de haber muerto miles de años antes, se menciona porque su espíritu sigue ejerciendo cierto protagonismo.

El problema es que esos espíritus posiblemente estén ejerciendo influencia en algunas personas de la actualidad por la compatibilidad que haya con su personalidad, mentalidad, etc. Por esa razón es que si Dios lo dejó en la Biblia como advertencia para que cada cristiano cuide su vida de no caer en el mismo error, entonces debe verlo como un espejo y comparar si en algo se está pareciendo y si ese fuera el caso, es porque hay una influencia espiritual de esos espíritus humanos, de tal manera que se debe empezar a trabajar en su vida para echarlos fuera, anular toda influencia negativa y ceder toda la autoridad al Espíritu Santo para que sea Él quien gobierne en su vida.

## Definiendo la influencia de los espíritus humanos

Cuando hablo de la influencia de los espíritus humanos, me refiero a ser influenciados con su personalidad, actitudes y con su mentalidad; hace a un lado tu propia personalidad para ejercer la suya.

Ahora lo que corresponde es ver qué hicieron las personas de las cuales mencioné como ejemplo:

## El Espíritu De Esaú

**Hebreos 12:15-17** Mirad bien de que nadie deje de alcanzar la gracia de Dios; de que ninguna raíz de amargura, brotando, cause dificultades y por ella muchos sean contaminados; **16 de que no haya ninguna persona inmoral ni profana como Esaú**, que vendió su primogenitura por una comida. **17** Porque sabéis que aun después, cuando quiso heredar la bendición, fue rechazado, pues no halló ocasión para el arrepentimiento, aunque la buscó con lágrimas.

Como recordarás, en el primer capítulo describí los vectores y receptores; hoy es necesario discernir a quién tienes cerca y qué influencia puede estar ejerciendo de manera muy directa a tu vida, ¿para qué?, primero para separarte de esa persona y segundo para desarraigar cualquier contaminación que te haya transferido espiritualmente.

## Biografía de Esaú

También es necesario que puedas tener la biografía de quién fue Esaú, lo cual puedes encontrar a detalle en **Génesis 25:22-28** de donde obtengo los siguientes datos:

1. Hijo de Isaac y Rebeca.

2. Era de tez rojiza, velludo y por ello Esaú.

3. Era el primogénito.

4. Esaú era diestro cazador.

5. Era el preferido de su padre.

## La influencia del espíritu de Esaú

✓ La influencia del espíritu de Esaú es llevar a que alguien desprecie la primogenitura primeramente.

✓ Una vez que ha sido despreciada la primogenitura, consecuentemente pierda la bendición del Padre.

Por eso dice la Biblia:

**Hebreos 12:16 (DHH)** Que ninguno de ustedes se entregue a la prostitución ni desprecie lo sagrado; **pues esto hizo Esaú**, que por una sola comida vendió sus derechos de hijo mayor.

Esto fue lo que quedó escrito en el Antiguo Testamento:

**Génesis 25:29-34** Un día, cuando Jacob había preparado un potaje, Esaú vino del campo, agotado; **30** y Esaú dijo a Jacob: Te ruego que me des a comer un poco de ese guisado rojo, pues estoy agotado. Por eso lo llamaron Edom. **31** Pero Jacob le dijo: Véndeme primero tu primogenitura. **32** Y Esaú dijo: He aquí, estoy a punto de morir; ¿de qué me sirve, pues, la primogenitura? **33** Y Jacob dijo: Júramelo primero; y él se lo juró, y vendió su primogenitura a Jacob. **34** Entonces Jacob dio a Esaú pan y guisado de lentejas; y él comió y bebió, se levantó y se fue. **Así menospreció Esaú la primogenitura**.

## El desprecio de la primogenitura

- ✓ Despreciar es falta de respeto, significa: perder el respeto del futuro.

- ✓ No respetó lo que él era.

- ✓ No respetó lo que venía para él.

- ✓ No respetó la grandeza que estaba establecida para él.

- ✓ Tenía la promesa de Abram, tenía el ancestro y tenía la primogenitura.

- ✓ Esaú estaba cansado de esperar en lo concerniente a su futuro.

¿Se debe respetar al futuro? Si, porque en eso se enfoca Dios y no en tu pasado.

**Jeremías 29:11** "Porque yo sé los planes que tengo para vosotros"—declara el SEÑOR— "planes de bienestar y no de calamidad, para daros un futuro y una esperanza.

**Hebreos 12:23** ...a la asamblea general e iglesia de los primogénitos que están inscritos en los cielos, y a Dios, el Juez de todos, y a los espíritus de los justos hechos ya perfectos...

## Las Transferencias Espirituales Generacionales

Si eres parte de la Iglesia de los primogénitos, es a ti entonces adonde llegará el espíritu de Esaú para pretender transferir esa misma influencia y que pierdas el respeto de las bendiciones de Dios. Aquí es donde debes analizar que ese tipo de cosas llega a través de uno que tiene una vida donde constantemente participa de círculos viciosos, se asocia con gente viciosa y al llegar a la congregación contamina a todo el que se le acerca.

- ✓ El espíritu de Esaú provoca que se pierda el respeto en la primogenitura.

- ✓ Esaú estaba cansado de esperar en lo que él sería y recibiría, sabía que debía esperar mucho tiempo y pensó sólo en el presente. Es el Síndrome de Ezequías.

**2 Reyes 20:18-19** "Y algunos de tus hijos que saldrán de ti, los que engendrarás, serán llevados, y serán oficiales en el palacio del rey de Babilonia." **19** Entonces Ezequías dijo a Isaías: La palabra del SEÑOR que has hablado es buena. Pues pensaba: ¿No es así, si hay paz y seguridad en mis días?

## Menospreciando a Dios

Lo peor que puede pasarte es que algunas veces, consciente o inconscientemente, menosprecies a

Dios, por ejemplo: David inconscientemente lo menospreció:

**2 Samuel 12:9-10 (LBA)** "¿Por qué has **despreciado** la palabra del SEÑOR haciendo lo malo a sus ojos? Has matado a espada a Urías heteo, has tomado su mujer para que sea mujer tuya, y lo has matado con la espada de los hijos de Amón. 10 "Ahora pues, la espada nunca se apartará de tu casa, porque me has despreciado y has tomado la mujer de Urías heteo para que sea tu mujer."

Saúl conscientemente menosprecio a Dios:

**1 Samuel 2:30 (LBA)** Por tanto, el SEÑOR, Dios de Israel, declara: "Ciertamente yo había dicho que tu casa y la casa de tu padre andarían delante de mí para siempre"; pero ahora el SEÑOR declara: "Lejos esté esto de mí, porque yo honraré a los que me honran, y los que me **menosprecian** serán tenidos en poco.

Según el Diccionario Vine, menosprecio significa: despreciar, tener poca estimación, tener algo o a alguien en menos valor de lo que se merece, considerar algo o a alguien como nada o de ningún valor.

## Primogenitura y bendición

## Las Transferencias Espirituales Generacionales

**La primogenitura** tendría la doble porción en todo lo material al morir su padre, en el caso de Esaú, al morir Isaac, por ejemplo: si Jacob recibía 1000 camellos, Esaú tendría 2000, en esa proporción en todo, eso era en la prosperidad de la familia, doble en todo y en por lo menos 11 puntos que describo a continuación, un grado mayor:

1. Doble porción.

2. Tener la preeminencia familiar.

3. Tener el derecho de actuar como futuro gobernante de la familia.

4. Ser el redentor de la familia.

5. El sacerdote de la familia.

6. Líder de los hermanos.

7. Tener un estado de preferencia en santidad, autoridad, soberanía, responsabilidad.

8. Tenía el derecho de sucesión.

9. Debido a ser primogénito, se convertía en la cabeza de la familia.

**10.** Era como el alma y el carácter del grupo social.

**11.** Responsable de su continuación y bienestar.

La bendición del padre es como un guion espiritual, es decir la continuación de la bendición, como una conexión de la bendición. Era poner en él, palabras de bendición profética y espiritual para su destino profético, por ejemplo: **Génesis 49:10**.

## ¿Qué Representa Esaú?

Un lugar donde no hay herencia de bendición, legado de primogenitura, que los hijos crezcan sin la mentalidad de creer en Dios, sin confiar en Dios, sin servir a Dios, sin sentirse parte de Dios, sin Su cobertura.

- ✓ Inicia otra historia escrita con la mentalidad de tener poca importancia de las escrituras, poca importancia de la bendición familiar, de los dones de Dios, etc.

- ✓ Es la historia con mentalidad de que no es necesario ser espiritual, moral **(Hebreos 12:15-17)** ni de fe.

- ✓ Esaú es el espíritu del profano.

## El significado de profanación

- ✓ Hacer lo impuro o inmundo.
- ✓ Corromper la pureza.
- ✓ Corromper la perfección.
- ✓ Contaminar.
- ✓ Hacerlo ceremonialmente o ritualmente no limpio.
- ✓ Deshonrar o volverlo sin honor.

**Profanado significa**: estado o condición donde la bendición es incapaz de que repose ahí.

Profanar es tratar una cosa sagrada sin el debido respeto o aplicarla a usos profanos.

En figura: deshonrar, prostituir, hacer uso indigno de cosas respetables.
**(Diccionario de la lengua española © 2005 Espasa-Calpe)**

**La amargura**

Es traída por el espíritu de Esaú. La amargura o los amargados no pueden respetar el futuro como lo hizo Esaú, están reteniendo el pasado y un presente de egoísmo pensando sólo en ellos.

## Conclusión de lo que hizo Esaú

- ✓ Despreció la primogenitura.
- ✓ No tuvo la bendición primaria del padre.
- ✓ No respeto su futuro.
- ✓ Sin poder de transmitir la bendición familiar.
- ✓ Llamado profano, inmoral, fornicario.
- ✓ Es el espíritu de religiosidad.
- ✓ Es el espíritu de amargura.
- ✓ Cambió o escribió otra historia familiar.

# Las Transferencias Espirituales Generacionales

## Capítulo 6

Con toda certeza puedo decir, que cuando Dios deposita algo en el corazón de Sus siervos, así como lo hace conmigo debe hacerlo con todos lo que tiene en Su mano de poder, para bendecir a Su Iglesia; en ese glorioso momento en que me permite recibir Su revelación sobre un tema específico como lo hizo con el tema que aprenderás en este capítulo; conforme voy avanzando, me abre cada vez más la panorámica y eso me permite ahondar más y más, razón por la cual algunos de mis libros, como has podido comprobar, son más grandes que otros, porque me permite vislumbrar la riqueza espiritual que, si bien es cierto logro ampliarla bastante gracias a El, tampoco son temas que se agoten porque Dios no tiene límites.

De tal manera entonces que, aquí podrás ver otro ángulo de las transferencias que no puedo dejar de mencionar por lo profundo que encontrarás, razón por la cual, cuando me refiero a transferencias espirituales generacionales, debo marcar una diferencia de 2 puntos que puede parecer muy similares:

✓ La transferencia de la herencia genética.

✓ La transferencia espiritual generacional.

## Las Transferencias Espirituales Generacionales

Podría parecer que se está hablando de lo mismo por la raíz etimológica de algunas palabras como lo son: genética y generacional, son 2 términos que están íntimamente relacionados por la idea que llevan pero son diferentes; de hecho, cuando me refiero a herencia genética, puedo recordarte que Dios me ha permitido escribir 2 libros donde expliqué ampliamente a ese respecto, el primero se llamó **LOS ANCESTROS** y el segundo, es precisamente el libro anterior a este que estás leyendo, **LA GUERRA POR LA GÉNETICA**.

En esos 2 libros expliqué de la transferencia de la herencia genética, ahora me enfocaré en la transferencia espiritual generacional, de lo cual no he ahondado demasiado, aunque de alguna manera está distribuido en mucho lo que he escrito.

### La Transferencia Biológica

La primera transferencia es biológica: la herencia genética es la transmisión a través del material genético existente en el núcleo celular, de las características anatómicas, fisiológicas o de otro tipo, de un ser vivo a sus descendientes. La herencia consiste en transmitir a su descendencia los caracteres de los ascendentes. Dicho en otras palabras, entregar lo que se ha recibido y funciona en forma vertical, viene de padres a hijos pero de una línea muy extensa; es a lo que me refería y de lo cual he escrito 2 libros como ya lo mencioné.

## La Transferencia Espiritual Generacional

La segunda es la transferencia generacional: es el medio en el que se transfieren cosas que son negativas para generaciones futuras, por supuesto que también se puede transferir asuntos positivos, pero me enfocaré en lo negativo para que puedas ver lo grave del asunto.

La transferencia, al ser espiritual, significa que un espíritu generacional pasa de generaciones pasadas de muchos años, décadas, milenios a través de estructuras precisamente espirituales y mentalidades que activan comportamientos negativos.

Cuando menciono estructuras espirituales me estoy refiriendo a un trabajo dentro del reino de las tinieblas muy sutil, organizado, con mucha delicadeza para que pueda tener efectividad su ataque en cuanto a transferencia de mentalidades o influencias que activen comportamientos negativos; pero nota por favor que estoy hablando de algo que es generacional precisamente porque ha venido de generación en generación lo que implica entonces que viene de cientos de años atrás

## Las Transferencias Espirituales Generacionales

Lamentablemente por esa misma razón, quizá se ha recibido sin detectar qué trasfondo trae porque es una herencia, la gente lo recibe y aplica a su vida porque es una tradición familiar que, más que eso, es una herencia generacional que se no puede romper tan fácilmente, aunque para Dios no han imposibles.

Considerando toda esta situación, puedo decir entonces que es una transferencia horizontal, viene de tiempos diferentes, de espíritus sin relación alguna pero incursionaron en el pasado en un entorno muy parecido al presente.

Esto no estoy pretendiendo imaginarlo, sino que tengo base bíblica porque son espíritus que buscan la atmósfera donde se pueden desarrollar de la mejor forma, aunque esa atmósfera no la haya desarrollado ese mismo espíritu, sino otro pero la utiliza porque tiene compatibilidad con lo que hizo el otro espíritu, esto sin importar el tiempo con que se haya creado una atmósfera para que sirva como el hábitat de otro espíritu que viene de milenios atrás.

Es por eso que, cuando hago referencia a maldiciones generacionales, es muy típico que un espíritu se traslade de una generación a otra en forma vertical por los datos genéticos que permanecen, el espíritu encuentra compatibilidad y trabaja igual en todas las personas por la misma razón.

Es como decir que un programa necesita que todas las computadoras tengan los mismos requisitos internos para que funcione en óptimas condiciones. Lo mismo sucede con los espíritus generacionales, va de una generación a otra porque encuentran los mismos datos con los que seguirán manifestándose en la siguiente generación y después en la siguiente, etc. Por supuesto que habrá una operación demoníaca que esté trabajando para que los ambientes sean óptimos para que el espíritu generacional siga funcionando de generación en generación.

Sin embargo, el ángulo al que me estoy refiriendo en este punto o en este capítulo, es totalmente diferente; ahora se puede dar una transferencia de espíritus de influencias que vienen de otros tiempos, sin que haya relación genética alguna, porque lo que buscan esos espíritus es el entorno que los hará desempeñar mejor su papel negativo, un entorno muy parecido al tiempo donde estuvieron con una persona específica.

Este matiz de enseñanza no lo había enseñado antes de forma tan directa como lo estoy haciendo en esta oportunidad, primero porque no sentía la confirmación de parte de Dios y no fue sino hasta que completé de una forma especial el proceso por el cual me permitió prepararme adecuadamente bajo la guianza del Espíritu Santo que entonces pude compartirlo, pero para eso, tuvieron que transcurrir aproximadamente 11 años desde que empecé a estudiar y meditar en todo esto hasta que finalmente pude empezar a compartirlo de una forma moderada con la congregación que Dios me ha permitido pastorear de forma presencial juntamente con mi esposa.

Expongo todo esto por la sutileza con la que operan las tinieblas y que no es fácil discernirlo sino es por el Espíritu Santo y también porque quiero dejar lo más ampliamente posible el concepto de lo que es la transferencia espiritual generacional.

## Investigación Científica De La Transferencia Horizontal

*Hace unos meses, un equipo de investigadores del Reino Unido concluyó que, a través de esta transferencia horizontal el hombre puede adquirir más de 145 genes extraños de bacterias, virus y hongos en el transcurso de su vida.*

Lo que esto significa entonces es que, del reino animal pueden surgir genes extraños que llegan a las bacterias haciendo que la humanidad adquiera esos genes extraños. A todo esto no puedo dejar de mencionar un principio bíblico:

Todo lo físico y visible es precedido por lo espiritual e invisible; por esa razón es que, las situaciones que puedes ver con tus ojos naturales, debes discernirlas adecuadamente para saber qué es lo que se está moviendo en el mundo de los espíritus.

## Transferencia Horizontal De Genes De Plantas A Insectos

Se trata de un mecanismo evolutivo en el que ocurre una transferencia de información genética entre especies que no tienen una relación de parentesco directa y de manera independiente del proceso de reproducción. La transferencia horizontal o lateral de genes es el movimiento de genes entre individuos de diferentes especies en una misma generación. Aunque es común entre las bacterias, tradicionalmente se ha supuesto un evento extraordinario entre bacterias y eucariotas multicelulares.

Actualmente se han descubierto pequeños animales que, según la ciencia no existían, algunos quizá parecidos a los que se cree que existieron antes y de pronto surgen unos con parecidos extraordinarios a lo que se creía como una especie

## Las Transferencias Espirituales Generacionales

extinguida, pero todo ha sido por la transferencia horizontal que se puede dar muchas veces, aún por los vientos y al encontrar un hábitat donde puede estar, se quedan haciendo simbiosis; pero el punto es lo que logran a través de la transferencia horizontal.

Pero lo que nos confiere es el ámbito espiritual porque funciona de igual forma, se transfiere de generación a generación horizontalmente, aunque no entran necesariamente porque haya en ambos el mismo código genético físico, sino solamente porque el entorno en que vive una persona es muy parecido al entorno original de aquel espíritu.

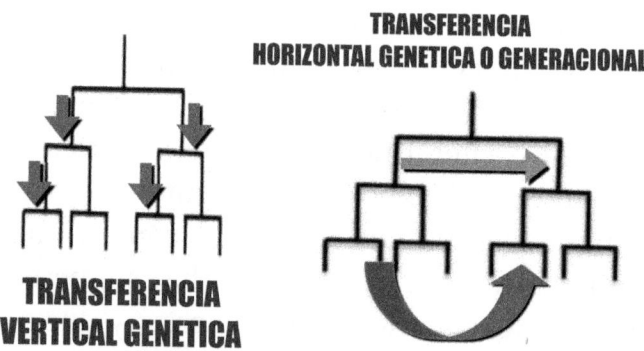

Esta gráfica me servirá para ejemplificar de una forma muy práctica lo que son ambas transferencias, tanto la vertical que puedes ver a tu izquierda la cual es la que oportunamente he explicado ampliamente como lo hice en el libro **LOS ANCESTROS** y en el libro anterior a este,

**LA GUERRA POR LA GENÉTICA**; como la horizontal que está a tu derecha, la cual es la explicación que estoy trasladándote de la mejor manera.

En el ejemplo gráfico de la transferencia horizontal, está anotado que es genética por lo que expliqué de la forma en que se puede transferir lo físico, pero generacional por lo espiritual; ¿cuál es la base para decir que también puede tener lugar en ese ámbito? Lo que ya expliqué respecto a que todo lo que es físico y visible es precedido por lo espiritual e invisible; el principio bíblico está en estos versículos:

**Mateo 16:19 (LBA)** Yo te daré las llaves del reino de los cielos; y lo que **ates en la tierra**, será **atado en los cielos**; y lo que **desates en la tierra**, será **desatado en los cielos**.

Además que también existe este versículo:

**Hebreos 11:3 (RV 1960)** Por la fe entendemos haber sido constituido el universo por la palabra de Dios, de modo que **lo que se ve fue hecho de lo que no se veía**.

Entonces la materia prima de lo visible es lo invisible; dicho de otra manera, el principio está en lo invisible, por eso eres espíritu con cuerpo y no al revés.

Digo esto para que tengas entonces la panorámica de qué es primero y que puedas comprender entonces que las transferencias físicas, tienen una influencia principal en lo espiritual, además que lo generacional ya no es solamente en forma vertical, sino también horizontal por cuanto los espíritus lo que buscan es la compatibilidad que puedan encontrar del medio ambiente de donde salieron pero no solamente vertical insisto, sino también horizontal porque aquí no es vital el código genético físico, sino el espiritual horizontal por el ambiente, por el entorno.

Por eso oportunamente he enseñado que entrarán potestades a la atmósfera terrenal que nunca antes han estado en la Tierra porque fueron reservadas para el tiempo final que ya se está viviendo y viendo. También a ese respecto tuve la oportunidad de escribir un libro que titulé **LAS PUERTAS DEL HADES NO PREVALECERÁN CONTRA MI IGLESIA**, donde describo a detalle todo el ataque de las tinieblas por medio de los virus y cómo es que existen porque para eso se tuvieron que desprender de un ser viviente o una estructura viviente como una matriz.

El principio en lo espiritual es lo mismo, existen entidades que se desprendieron de una estructura divina y ahora operan en el mundo espiritual con nombre específico después de la rebelión en la que cayeron uniéndoseles otros de su mismo entorno, pero se vuelven a desprender para buscar el mismo ambiente de donde salieron, para hacer su propia casa, me refiero a la vida de algunas personas que por el nivel de pecado en el que viven, son óptimos para que hospedar espíritus inmundos.

## ¿Qué Es Un Espíritu Generacional?

Es un espíritu que pasa de generación en generación dentro de una familia y/o sin tener parentesco, llevando un mal o males a otros.

También es el encargado de mantener una enfermedad, un mal, carácter, etc., en la línea sanguínea aunque no es imprescindible; llevando un espíritu de pobreza, de enfermedades terminales como cáncer, vicios de alcoholismo, muerte repentina, etc.

**1 Corintios 10:11 (RV 1960)** Y estas cosas les acontecieron como ejemplo, y están escritas para amonestarnos a nosotros, a quienes han alcanzado los fines de los siglos.

## Las Transferencias Espirituales Generacionales

La advertencia no es solamente que te cuides de tu vecino si en caso tienes una estrecha amistad con él; sino que, puede venir una influencia generacional de forma horizontal y que te veas afectado sin que lo pudieras ver en un familiar cercano, sino de otra persona que está cerca y ese espíritu saliendo de una vida se incube en tu vida y empiece a trabajar en ti sin detectarlo,

Esta situación la puedes notar como sucedió con personajes descritos en el Antiguo Testamento que a pesar de haber vivido cientos de años en el pasado, de pronto en el Nuevo Testamento se puede ver la manifestación de sus actitudes, forma de pensar, caracteres, etc., en hombres y mujeres que ni si quiera tuvieron la oportunidad de conocerse, pero el espíritu generacional viajó hasta encontrar una atmósfera donde se sentiría bien para tomar su lugar aunque bajo una usurpación.

Ejemplo de personas que vivieron con diferencia de cientos de años entre uno que hizo lo malo y otro que volvió a tener el mismo espíritu generacional por la transferencia que ocasionó:

**2 Pedro 2:15** Abandonando el camino recto, se han extraviado, siguiendo el **camino de Balaam**, el hijo de Beor, quien amó el pago de la iniquidad...

La palabra camino, en el idioma hebreo es **DEREK**, una de sus acepciones es, **costumbre**, parafraseando el versículo podría decir que siguiendo **la costumbre de Balaam**... pero entonces una costumbre se establece a través de un proceso, por ejemplo: una práctica que se repite se convierte en un hábito, el cual se puede convertir en costumbre, esta a su vez puede dar lugar a una cultura pero originalmente esta viene de una práctica.

Eso me deja ver entonces que una costumbre que puede convertirse en una cultura, puede transferir un espíritu generacional por esa misma razón, por ser una cultura.

**Judas 1:11** ¡Ay de ellos! Porque han seguido el camino de **Caín**, y por lucro se lanzaron al error de **Balaam**, y perecieron en la rebelión de **Coré**.

Aquí puedes verlo más profundo quizá, porque no solamente se nombra a Balaam, sino que se fue más lejos mencionando a Caín; pero entonces bajo la perspectiva del significado hebreo de la palabra camino, puedo decir que al seguir **la costumbre de Caín**, se puede recibir la transferencia espiritual generacional por el entorno en que vive una persona lo cual no es más que el odio y el homicidio.

**Apocalipsis 2:14** 'Pero tengo unas pocas cosas contra ti, porque tienes ahí a los que mantienen **la doctrina de Balaam**, que enseñaba a Balac a poner tropiezo ante los hijos de Israel, a comer cosas sacrificadas a los ídolos y a cometer actos de inmoralidad.

**¿Cuál es el problema aquí?**, Balaam sabía que no podía maldecir a lo que Dios había bendecido.

Balac lo había contratado para que maldijera a Israel, Balaam no pudo hacerlo y le dijo que Jehová no maldeciría a un pueblo donde el gozo de su Señor está en medio de ellos, Balaam estaba viendo la presencia de Dios, aunque estaba caído, podía ver la presencia de Dios en medio del campamento de Israel. Sin embargo, puso en manifiesto las debilidades de aquel pueblo para hacerlos caer, puso en manifiesto los pecados que tenían reprimidos de tal manera que les llevaron mujeres paganas para que pecaran contra Dios.

Esto lo que significa entonces es lo siguiente: espíritus que vienen transferidos para difamar, acusar, señalar, descubrir pecados con los que algunos estén batallando y que puedan ser rendidos a los pies de Dios, sin embargo los enemigos lo que hacen es llevarles la tentación para hacerlos caer y acusarlos diciéndoles que siguen siendo los mismos pecadores; eso es lo que hace un espíritu generacional con nombre, para que se manifieste la mentalidad y el deseo desenfrenado por el pecado.

**Apocalipsis 2:20** 'Pero tengo esto contra ti: que toleras a **esa mujer Jezabel**, que se dice ser profetisa, y enseña y seduce a mis siervos a que cometan actos inmorales y coman cosas sacrificadas a los ídolos.

Este es un ejemplo muy claro de la transferencia de espíritus generacionales en dirección horizontal; Jezabel vivió hace muchísimo tiempo, la Biblia describe como murió, entonces a lo que este versículo se refiere es al espíritu generacional.

Recuerda que quien está hablando en Apocalipsis es el Señor Jesucristo y Jezabel existió muchísimos años antes que Jesús estuviera en la Tierra, entonces ¿cómo es que está señalándola que para este tiempo está siendo piedra de tropiezo a los siervos de Dios? Nuevamente puedes ver una transferencia espiritual generacional horizontal, porque encontró dónde anidar por el entorno en el que se vive.

Un entorno es el que atrae a los espíritus generacionales que vivieron en otra época, donde provocaron males, cautivaron la mentalidad, esclavizaron gente que vivió de tal manera obedeciendo la influencia de esas entidades; pero de pronto necesitan otro cuerpo, por cualquier razón para seguir saciando sus instintos inmundos y hacerse presentes de generación en generación porque una de las metas de los espíritus inmundos, es poder pasar de generación en generación sin ser detectados.

Por eso es que Dios en el final de los tiempos que actualmente estamos viviendo, ha abierto un panorama con una revelación estratégica en guerra espiritual para poder comprender los modus operandi con que el enemigo está operando.

**Hebreos 12:16** ...de que no haya ninguna persona inmoral ni profana **como Esaú**, que vendió su primogenitura por una comida.

La forma en que operan los espíritus generacionales y que se trasladan horizontalmente, ya la expliqué, básicamente lo que buscan es el entorno que tuvo aquella persona del pasado porque es como la puerta que les dará acceso para apoderarse de otra vida en el presente; pero entonces como puedes ver, el problema es delicado, razón por la cual no podía dejar de mencionar las transferencias espirituales generacionales en este libro porque es un modus operandi de las tinieblas que con mucha sutileza trabaja Satanás.

## Las Condiciones Para Las Transferencia

Lo que está familiarizado en el entorno y busca el espíritu inmundo, es lo siguiente:

1. Acciones y hechos.
2. Sentimientos y emociones.
3. Mentalidad y cultura.
4. Costumbres y hábitos.
5. Vicios y adicciones.
6. Familiaridad de generaciones pasadas.
7. Religión y regiones, etc.

Es horizontal, viene de tiempos diferentes de espíritus sin relación alguna pero incursionaron en el pasado, en un entorno muy parecido al presente.

La palabra **familiaridad,** también hace referencia a un espíritu que está familiarizado con la ubicación de una persona, por ejemplo: la historia del gadareno y el demonio llamado Legión, que pidió ir a los cerdos.

**Marcos 5:12** Y le rogaron todos los demonios, diciendo: Envíanos a los puercos para que entremos en ellos.

En el contexto de este versículo, puedes ver que cuando Jesús estaba liberando al pobre hombre aquel que estaba endemoniado y que se le llama gadareno, por cuanto era descendiente de la tribu de Gad, los demonios fueron confrontados y no podían seguir estando en ese cuerpo, entonces le pidieron a Jesús que les permitiera entrar en los cerdos.

La razón de quedarse en los cerdos y aquella región, era porque ahí se criaban cerdos para ofrecerlos en sacrificio al dios Zeus; posiblemente habían estado ahí por miles de años ocupando otros cuerpos de igual entorno al gadareno, diría que posiblemente hubo otros gadarenos antes y quizá quedaban otros de igual condición para poder ocupar sus cuerpos.

Otro punto que debes recordar es que la región de los gadarenos, eran de las 10 ciudades de lo que se conocía como Decápolis, ubicada al otro lado del mar de Galilea, eran ciudades paganas donde, como ya lo mencioné, los cerdos en su principal uso era para ofrecerlos en sacrificio al dios Zeus, por eso tenían abundancia de crianza de cerdos en aquella región. Por esa misma práctica pagana de aquella gente es que ahí se mantenía la legión de demonios.

La transferencia espiritual generacional es horizontal y este es el traspaso de influencias espirituales que puede pasar a través de sucesivas generaciones, aplicada entonces a lo que traigo en contexto en relación al gadareno, es posible que viniera de generación en generación hasta que hubo una liberación, la que Jesús practicó en aquel hombre

Aunque estoy refiriéndome básicamente al punto espiritual, también debes tener presente que en la actualidad se acepta que este tipo de transferencia es bastante común en bacterias y organismos simples, donde la reproducción es por clonación o a manera asexual.

## Las Influencias De Espíritus Con Nombre De Humanos

Cuando hablo de la influencia de los espíritus humanos, estoy refiriéndome a la influencia que pueden ejercer con su personalidad, actitudes y mentalidad. ¿Por qué en la Biblia, en el Nuevo Testamento se mencionan personajes que vivieron en el Antiguo Testamento; haciendo una advertencia de cuidarse en no caer en la influencia de muchos de ellos? Por lo que ya expliqué en cuanto a lo que ellos representan por su carácter.

Aunque en el capítulo anterior empecé a describir el espíritu de Esaú, considero necesario volver a mencionar la lista de estos personajes y continuar estudiando su personalidad por la transferencia generacional que hubo y que puede prevalecer de ellos:

1. La transferencia del espíritu de Esaú.
2. La transferencia del espíritu de Ismael.
3. La transferencia del espíritu de Caín.
4. La transferencia del espíritu de Balaam.
5. La transferencia del espíritu de Coré.
6. La transferencia del espíritu Saúl.
7. La transferencia del espíritu de Jezabel.

Recuerda que todo esto es parte de la estrategia con la que está batallando el reino de las tinieblas, es lo que actualmente está en el escenario de guerra espiritual, me refiero a la transferencia espiritual generacional que llega horizontalmente y no necesariamente busca código genético, sino entornos que sean parecidos al hábitat con lo cual le permitan pelear para establecerse en una región, como ya lo mencioné, es lo mismo como sucedió con la legión que estaba en el gadareno y pidió que se le permitiera entrar en los cerdos porque ya conocían su entorno; ciertamente Jesús se los permitió, pero los cerdos se despeñaron, cayeron al mar y se ahogaron.

## El Espíritu De Ismael

Observa en la Biblia, en el Antiguo Testamento algunas de las características de este varón:

**Génesis 16:12 (LBA)** Y él será hombre indómito como asno montés; su mano será contra todos, y la mano de todos contra él, y habitará al oriente de todos sus hermanos.

**Características:** hombre indómito, como asno montés.

**Génesis 16:15-16 (LBA)** Y Agar le dio a luz un hijo a Abram; y Abram le puso el nombre de Ismael al hijo que Agar le había dado. ¹⁶ Y Abram tenía ochenta y seis años cuando **Agar le dio a luz a Ismael**.

### Biografía de Ismael

**Génesis 16:1-6** Y Sarai, mujer de Abram, no le había dado a luz hijo alguno; y tenía ella una sierva egipcia que se llamaba Agar. ² Entonces Sarai dijo a Abram: He aquí que el SEÑOR me ha impedido tener hijos. Llégate, te ruego, a mi sierva; quizá por medio de ella yo tenga hijos. Y Abram escuchó la voz de Sarai. ³ Y al cabo de diez años de habitar Abram en la tierra de Canaán, Sarai, mujer de Abram, tomó a su sierva Agar la egipcia, y se la dio a su marido Abram por mujer. ⁴ Y él se llegó a Agar, y ella concibió; y cuando ella vio que había concebido, miraba con desprecio a su señora. ⁵ Y Sarai dijo a Abram: Recaiga sobre ti mi agravio. Yo entregué a mi sierva en tus brazos; pero cuando ella vio que había concebido, me miró con desprecio. Juzgue el SEÑOR entre tú y yo. ⁶ Pero Abram dijo a Sarai: Mira, tu sierva está bajo tu poder; haz con ella lo que mejor te parezca. Y Sarai la trató muy mal y ella huyó de su presencia.

A continuación encontrarás lo que puedo considerar como la biografía concisa de Ismael:

1. Hijo de Abram y Agar.

2. Llevaba la esclavitud de su madre.

3. Aunque nació en la casa de su padre Abram, no era el heredero.

4. Lo echaron de la casa.

5. Es el espíritu de un paria por la situación del punto anterior.

Un paria es una persona que no fue reconocido, no tiene lugar en la familia, no tiene valor para ninguno, etc.

## Representaciones del espíritu de Ismael:

1. El error de los padres.
2. La frustración de esperar una promesa que tarda en llegar.
3. Las decisiones erróneas.
4. Los problemas futuros que tienen que ver con el pasado.
5. La falta de fe.
6. La batalla por la identidad de hijo.

Otro punto que debes considerar y saber es que, alguien considerado como huérfano, no lo es solamente por la muerte de los padres, sino también en ausencia de los padres mientras el hijo o la hija se están desarrollando o están en pleno crecimiento de sus primeros años; eso me deja ver entonces que en Ismael se desarrolla un espíritu de orfandad que puede traspasar los tiempos, buscar entornos donde lo vulnerable sea que el padre no esté presente porque es el responsable de proveer, proteger, brindar seguridad, paz, etc.

## ¿Por qué Jesús vino a revelar a Su Padre?

Para proteger el entorno del hijo que no tenía una relación, una experiencia literal con un padre o una madre y que ahora sea protegido y consolado en la relación su Padre celestial, así como con un padre espiritual delegado por Dios en la Tierra.

## La influencia del espíritu de Ismael:

- ✓ Para plasmar el espíritu de orfandad; o sea, la imagen invisible de Ismael, en el carácter, personalidad y mentalidad de la persona que ataca obviamente visible.

- ✓ Dicho en otras palabras, esto tendrá lugar sin que sea necesario el código genético ni que haya un parecido a otra persona, sino solamente por la influencia del espíritu de orfandad se manifestará en su identidad.

- ✓ El espíritu de orfandad busca que la persona sea como una versión más moderna de su imagen física que existió en el pasado; es decir, hace que la persona piense, hable, se sienta y viva como el personaje al que hace referencia la Biblia, aunque nunca se conocieron obviamente.

✓ El espíritu de orfandad es un espíritu que llena, para que la persona se sienta huérfano, porque la meta es que la persona se sienta abandonado por su padre y su madre, siendo entonces los primeros síntomas que se sienta afectado por la ausencia física de un padre física y emocionalmente, esto mismo lo puede llevar a que se sienta abandonado espiritualmente por el Padre celestial, cuando la realidad es que es el único que nunca dejará a ninguno que lo busque y lo reconozca como Padre.

✓ El mayor problema aquí es que, si la persona presenta problemas con un padre físico, también lo sentirá con el Padre celestial, consecuentemente tendrá problemas para desarrollar una relación con el padre de su alma, o sea, un pastor delegado por Dios.

✓ Ismael fue el primer huérfano de la historia bíblica, fue donde encontró una atmósfera óptima ese espíritu.

**Males que acompañan:**

Temor, inseguridad, culpabilidad, soledad, escapismo, ansiedad.

Estos son los males que afectan en la actualidad a una persona que ha sufrido los estragos de la orfandad.

## Otras características del espíritu de Ismael

De acuerdo a lo que describe **Génesis 16:11-12**:

**Génesis 16:11-12**: Además le dijo el ángel de Jehová: He aquí que has concebido, y darás a luz un hijo, y llamarás su nombre **Ismael**, porque Jehová ha oído tu aflicción. ¹² Y él será **hombre fiero**; **su mano será contra todos**, y la mano de todos contra él, y delante de todos sus hermanos habitará.

**Hombre fiero:**

- ✓ El término que se utiliza es **hombre fiero**, sin embargo en la Biblia versión Textual, la palabra es **asno salvaje** que también tiene que ver con fealdad y con una cara con pelos.

**Hombre indómito:**

- En otra versión de la Biblia lo señala: **Y él será hombre indómito como el asno salvaje.** El término **indómito** significa **que no ha sido domado.** Esto lo que significa es que no podrá controlar sus sentimientos por la influencia generacional; pero insisto, es el espíritu generacional con influencia horizontal para afectar a las personas en la actualidad, donde aquel mismo espíritu ubique el entorno para desarrollarse como lo hizo con Ismael.

**Su mano contra todos:**

- En la versión Reina-Valera dice: **delante**, pero la palabra que traduce mejor es el término **enfrentado** o sea, confrontado. Eso significa que este tipo de personas vivirán siempre en confrontaciones. Vivirá confrontado con sus hermanos; Ismael sería un hombre que se levantaría contra todos y todos se levantarán contra él y aún se pelearía con sus hermanos.

## El Espíritu De Ismael En El Mundo

1. Los descendientes de Ismael han sido gente del desierto, rústica y fiera que han luchado y siguen luchando contra todas las naciones.

2. Mahoma es descendiente de Ismael.

3. La lucha por la identidad es ancestral entre los descendientes de Ismael e Isaac.

4. Los musulmanes se pelean también entre ellos (kurdos, sunitas, chiitas).

5. La característica que tienen es que rechazan la autoridad.

## El espíritu de Ismael: liderazgo sin paternidad – consecuencias

**1.- Mohammad**, el fundador del Islam, fue criado por su tío y no por su padre, dicho en otras palabras, vivió como huérfano.

- ✓ Enseñó a sus seguidores que el hijo de la promesa es Ismael y no Isaac e influenciaba a sus seguidores a odiar a los judíos y cristianos.

- ✓ En la historia, es interesante observar el número de líderes mundiales que no tenían padre en sus vidas o fueron abusados por sus padres.

**2.- Stalin**, líder violento de la Unión Soviética Comunista, fue abusado, golpeado y abandonado por su padre.

- ✓ Sacrificó cristianos y judíos que estaban en desacuerdo con él.
- ✓ Stalin también persiguió y mató a personas inocentes.

**3.- Adolph Hitler**, era víctima de abusos y se escapó de casa.

- ✓ Mató 6 millones de judíos en un holocausto.

**4.- Saddam Hussein**, era huérfano, fue abusado y creció sin padre.

- ✓ Fue uno de los dictadores más despiadado entre el siglo pasado y el presente.

## El Espíritu De Ismael y Su Naturaleza

La palabra huérfano solamente aparece 2 veces en el Nuevo Testamento, una vez la menciona el Señor Jesucristo y otra el Apóstol Santiago:

- ✓ **En el idioma hebreo:** la palabra huérfano es H3490 YATHOWM significa: solitario.

- ✓ **En el idioma griego:** la palabra huérfano es G3737 orphanos, afligidos, solos.

- ✓ **Técnicamente significa entonces,** sin enseñanza, ni guía y sin guardián.

El propósito del espíritu de Ismael, es que los creyentes no experimenten las acciones del Padre celestial y que vivan con un espíritu de orfandad, manifestando rebelión en todo momento. En lo personal, puedo decir que la orfandad de un padre biológico deja a un hijo o una hija en un estado de falta de protección y comunión con esa persona que se convierte en el guía del hogar para los hijos e hijas; eso deja sin poder experimentar el afecto de un padre, un abrazo, la atención que pueda brindar, etc.

Ante esas situaciones es que, si alguien no experimenta lo que podría ver, no cree en lo que no puede ver; se cumple el principio bíblico el cual es que, si no amas al que ves, tampoco puede amar al que no ves; si no obedeces al que ves, como puedes decir que obedeces al que no ves. El problema es que para ver a un padre, lógicamente debe existir y en su ausencia tampoco hay nada de lo que él puede brindar.

En la mayoría de casos, en la ausencia del padre, se abre una brecha por donde pasa el espíritu de rebelión rechazando así toda posibilidad de permitirle a Dios que sea Él quien se encargue de aquella vida que quedó en la orfandad. Es tan complicada esta situación que, en algunos casos, se culpa a Dios el hecho que no esté algunos de los 2 padres, me refiero al padre o a la madre, volteándole la espalda a Dios, al único que tiene la solución para poder llenar la vida de un huérfano.

Por supuesto que también dice la Biblia que cuando un espíritu es echado fuera de la vida de una persona, si aquella vida no es llenada por el Espíritu Santo; el espíritu vuelve con 7 peores que él y la condición de aquella vida es peor que la primera; pero si se le concede a Dios que entre en esa vida, entonces Él toma el control y lo llena todo y nunca más habrá ausencia de padre, madre ni de todo lo pueda significar escases o vacío de alguien o algo.

## El Padre Desarraiga Lo Que Él No Plantó

**Mateo 15:13 (LBA)** Pero Él contestó y dijo: Toda planta que mi Padre celestial no haya plantado, será desarraigada.

Lo que el espíritu de Ismael busca es que la persona que esté con todo ese tipo de problemas como el que ya describí; no experimente los niveles de liberación en Dios, pero si la persona se dispone a que sea Dios el que le ordene su vida, entonces encontrará en Él todo lo que sus padres biológicos lo abstuvieron tener en cuanto al afecto paternal se refiere.

## El Padre imparte Sus dones

**Santiago 1:17 (LBA)** Toda buena dádiva y todo **don perfecto viene** de lo alto, desciende **del Padre** de las luces, con el cual no hay cambio ni sombra de variación.

El espíritu de orfandad también busca que la persona que fue afectada con la orfandad, no reciba los dones que Dios le quiere derramar, menos aún el don de discernimiento porque si lo recibe, entonces sabrá el momento en que está siendo atacado por el espíritu de Ismael.

## El Padre suple para las necesidades

**Mateo 6:28-34 (LBA)** Y por la ropa, ¿por qué os preocupáis? Observad cómo crecen los lirios del campo; no trabajan, ni hilan; **29** pero os digo que ni Salomón en toda su gloria se vistió como uno de éstos. **30** Y si Dios viste así la hierba del campo, que hoy es y mañana es echada al horno, ¿no *hará* mucho más por vosotros, hombres de poca fe? **31** Por tanto, no os preocupéis, diciendo: "¿Qué comeremos?" o "¿qué beberemos?" o "¿con qué nos vestiremos?" **32** Porque los gentiles buscan ansiosamente todas estas cosas; que **vuestro Padre celestial sabe que necesitáis** de todas estas cosas. **33** Pero buscad primero su reino y su justicia, y todas estas cosas os serán añadidas. **34** Por tanto, no os preocupéis por el *día de* mañana; porque el *día de* mañana se cuidará de sí mismo. Bástele a cada día sus propios problemas.

El espíritu de Ismael lo que busca es que la gente esté afanada en llenar su vida de cosas superfluas y no buscar lo que es eterno. Recuerda que Dios sabe de qué tienes necesidad, busca primeramente complacer Su corazón porque El sabe de qué tienes necesidad en esta dimensión.

## El perdón viene de El Padre

**Mateo 6:14 (LBA)** Porque si perdonáis a los hombres sus transgresiones, también vuestro Padre celestial os perdonará a vosotros.

Otro de los ataques del espíritu de Ismael es que los creyentes no perdonen a los que los han ofendido, que los tengan en esa cárcel y consecuentemente la gente que no perdone, también esté en una cárcel buscando venganza.

## El Espíritu Santo lo da El Padre

**Lucas 11:13 (LBA)** Pues si vosotros siendo malos, sabéis dar buenas dádivas a vuestros hijos, ¿cuánto más **vuestro Padre celestial dará el Espíritu Santo** a los que se lo pidan?

Una forma de cerrarle la puerta al espíritu de Ismael y a todo espíritu inmundo, es que te llenes con el Espíritu Santo, el cual solamente es Dios el que lo da quien lo pida, pero El descenderá y se quedará en el corazón de aquellos que verdaderamente deseen Su llenura.

## El Espíritu De Saúl

**1 Samuel 15:23 (LBA)** Porque la rebelión es como pecado de adivinación, y la desobediencia, como iniquidad e idolatría. **Por cuanto has desechado la palabra del SEÑOR, Él también te ha desechado** para que no seas rey.

**Característica principal:** desechar la palabra del Señor.

Nuevamente describiré una breve biografía del espíritu de Saúl para después desglosarla a favor de una enseñanza ordenada:

## Biografía de Saúl – 1 Samuel 9

1. Hijo de Cis, un benjamita.//
2. Saúl era bien parecido, alto y de buena apariencia.
3. Pastor de asnas.
4. Escogido por Dios.
5. Ungido para rey.
6. Tendría que liberar al pueblo de la aflicción de los filisteos.

Ahora observa lo siguiente:

## Representaciones del espíritu de Saúl:

1. Desobediencia.
2. Rebelión.
3. Adivinación, ocultismo.

**4.** Consultó a una médium (espíritu familiar), consultó muertos, pecado de brujería, etc.

**5.** Idolatría e iniquidad.

**6.** Perdió la influencia del Espíritu del Señor.

**1 Samuel 15:23-24 (LBA) Porque la rebelión *es como* pecado de adivinación, y la desobediencia, *como* iniquidad e idolatría.** Por cuanto has desechado la palabra del SEÑOR, Él también te ha desechado para que no seas rey. **24** Entonces Saúl dijo a Samuel: He pecado; en verdad he quebrantado el mandamiento del SEÑOR y tus palabras, porque temí al pueblo y escuché su voz.

Como puedes ver, la representación del espíritu de Saúl, está encabezada por pecado de acuerdo a lo descrito en esta cita.

## La desobediencia es un eslabón a las influencias del mundo espiritual

Dios llamó a la desobediencia rebelión y a esta misma hechicería; es como el pecado voluntario, lo cual no es más que cualquier acto, actitud o acción de desobediencia directa a la palabra de Dios.

## La orden de Dios a través de Su Profeta

**1 Samuel 15:1 (LBA)** Samuel dijo a Saúl: El SEÑOR me envió a que te ungiera por rey sobre su pueblo, sobre Israel; ahora pues, está atento a las palabras del SEÑOR.

## La represión de Dios

**1 Samuel 15:18-19 (LBA)** Y el SEÑOR te envió en una misión, y dijo: "Ve, y destruye por completo a los pecadores, los amalecitas, y lucha contra ellos hasta que sean exterminados." [19] **¿Por qué, pues, no obedeciste la voz del SEÑOR**, sino que te lanzaste sobre el botín e hiciste lo malo ante los ojos del SEÑOR?

## Diagnóstico de la desobediencia

**1 Samuel 15:23 (LBA)** Porque la **rebelión** es como pecado de **adivinación**, y **la desobediencia, como iniquidad e idolatría**. Por cuanto has desechado la palabra del SEÑOR, Él también te ha desechado para que no seas rey.

Con lo que hasta aquí has podido ver, puedes formarte la idea entonces de lo que contiene el espíritu de Saúl.

## EL espíritu de Saúl: espíritu de desobediencia

La desobediencia le abre la puerta al mundo de los espíritus de las tinieblas:

**1 Samuel 16:14-15 (LBA)** El Espíritu del SEÑOR *(el Espíritu de libertador)* se apartó de Saúl, y **un espíritu malo** de parte del SEÑOR le atormentaba. **15** Entonces los siervos de Saúl le dijeron: He aquí ahora, un espíritu malo de parte de Dios te está atormentando.

Espíritu malo de parte del Señor significa un proceso jurídico donde se le dio el derecho a los espíritus de las tinieblas para una intervención demoniaca por el terreno de la desobediencia.

El espíritu de tormento en Saúl forma parte de una de las 13 raíces del reino de las tinieblas, más específicamente es la segunda raíz.

**La influencia del espíritu de Ismael en Saúl:**

**Tormento:** (1 Samuel 16:14 LBA) ...y un espíritu malo de parte del SEÑOR le atormentaba.

**Complejo:** (1 Samuel 15:17 R60) Y dijo Samuel: Aunque eras pequeño en tus propios ojos, ¿no has sido hecho jefe de las tribus de Israel, y Jehová te ha ungido por rey sobre Israel?

**Esquizofrenia: (1 Samuel 18:10 LBA)** ...y éste deliraba en medio de la casa...

Aquí puedes ver de qué manera el espíritu que atacó la vida de Ismael por lo que él vivió, estuvo influenciando la vida de Saúl, pero también hay otro detalle cuando dice que había un espíritu de tormento sobre él:

## ESPÍRITU DE TORMENTO

### La raíz del tormento

1. Miedos
2. Tormentos
3. Pesadillas
4. Temor a la muerte
5. Timidez
6. Fobias
7. Complejo
8. Ansiedad
9. Estrés
10. Esquizofrenia
11. Locura
12. Paranoia
13. Demencia

Es interesante que el espíritu de tormento tenga a su servicio 13 espíritus para llegar a ocasionar el tormento que tiene como propósito como lo hizo con Saúl.

**1 Samuel 18:12-15 (LBA) Mas Saúl temía a David, porque el SEÑOR estaba con él y se había apartado de Saúl.** 13 Por tanto, Saúl lo alejó de su presencia nombrándolo comandante de mil hombres; y salía y entraba al frente de la tropa. **14 Y David prosperaba en todos sus caminos, pues el SEÑOR** *estaba* **con él. 15 Cuando Saúl vio que él prosperaba mucho, le tuvo terror** *(paranoia).*

En contraposición al espíritu de miedo, debes saber que Dios te ha dejado lo siguiente:

**2 Timoteo 1:7 (LBA)** Porque no nos ha dado Dios espíritu de cobardía, sino de poder, de amor y de dominio propio.

# Las Influencias de Los Espíritus Místicos Femeninos

## Capítulo 7

Desde que Dios me ha permitido dejar por escrito toda la bendición de Su palabra revelada, el Espíritu Santo me ha guiado para que sean Sus palabras las que se queden escritas y no ideología humana alguna, menos aún la influencia de mi alma para que ninguno que se haya dispuesto a ser debidamente equipado como un guerrero espiritual, al final no tenga mi forma de pensar y que tampoco esté siendo manipulado como lo enseñé en el capítulo anterior; de ninguna manera ha sido así ni es ese el propósito, sino que, insisto, es el Espíritu Santo quien me conduce y en lo que a mi respecta, me deposito en Sus manos para poder ser un instrumento que El quiera usar para bendición de la Iglesia de Cristo alrededor de toda la Tierra.

Empiezo introduciendo este capítulo de esta manera, porque las transferencias, como también lo he repetido varias veces, son neutrales y puede ejercer presión en cualquier persona, sea de forma positiva o negativa, sea un hombre o una mujer; el proceso de una transferencia se realizará. Sin embargo, debo ser claro también en que, si bien es cierto que no puedo señalar a nadie en específico como un vaso de tinieblas, también debo alertar en el sentido que existen entidades de género femenino en el mundo espiritual y más específicamente del lado de las tinieblas, que por la misma razón que tienen ese género, lo usan como parte de su estrategia sutil con la que trabajan en contra de toda persona, especialmente en contra de los cristianos.

También debo mencionar con toda claridad que al referirme a entidades de género femenino, no estoy señalando negativamente a la mujer, sino que, en el fluir de las transferencias espirituales, también existe el tópico que está relacionado con entidades místicamente femeninas.

Estoy siendo muy enfático en esto, porque en su mayoría, las entidades son de género masculino, de tal manera que no hago ninguna aclaración como en este momento porque se ha interpretado como un punto general; sin embargo, esto mismo podría crear una confusión al interpretar la magnitud de peligro que representa una entidad místicamente femenina, pero insisto, no estoy atacando a la mujer, pero tampoco puedo pasar por alto la oportunidad de dejar por escrito la influencia que representa cierta entidad que verás más adelante.

## Principales Entidades Místicas Femeninas

La Biblia permite ver que en el mundo espiritual de las tinieblas, se encuentra la función de las entidades místicamente femeninas dentro de las cuales puedo mencionar las siguientes:

- ✓ **La reina del cielo**
- ✓ **Artemisa**
- ✓ **Jezabel**
- ✓ **Diana**
- ✓ **Lilith**

También puedo mencionar la siguiente cita:

**Isaías 3:12 (LBA)** ¡Oh pueblo mío! Sus opresores son muchachos, y **mujeres lo dominan**. Pueblo mío, los que te guían te hacen desviar y confunden el curso de tus sendas.

Este texto no tiene la intención de anular a la mujer de algunas actividades, no tiene ninguna influencia machista, como coloquialmente se menciona; sino que está hablando de un carácter ejercido espiritualmente sobre pueblos enteros y su particularidad es que eran entidades de género femenino, de tal manera que por la misma razón de la sutileza con que se desplazaban sus ordenanzas, era más fácil ejercer su gobierno al punto que los pueblos les rendían culto idolátrico y se sujetaban a sus mandatos para que alcanzaran los beneficios que culturalmente se decía que ofrecían, peor aún, se creía que ellas cumplian.

## Mujeres Extraordinarias

No obstante de la manipulación de las entidades místicamente femeninas que pertenecen al mundo espiritual de las tinieblas, también la Biblia menciona mujeres extraordinarias que vienen a ser el plano original de lo que Dios hace, mientras que las entidades místicamente femeninas son su antítesis.

Cuando encuentras a mujeres extraordinarias que menciona la Biblia, puedes ver que tácitamente está diciendo que no está en contra de las funciones que pueda ejercer una mujer; de tal manera que, desde el principio de la creación, cuando Dios ubicó al hombre en el huerto, estuvo solo por un período de tiempo, me refiero que no tenía una pareja que fuera de su especie. De aquí puedes ver entonces que el hombre no cumpliría a totalidad con su función de ser cabeza federal de una creación, sin tener su ayuda idónea.

Estoy haciendo toda esta introducción con el objetico que pueda dejar esta revelación de parte de Dios, con la libertad y tranquilidad que ninguna mujer dentro de la Iglesia de Cristo interpretará que las entidades de las tinieblas místicamente femeninas, representan a la mujer que hoy agrada a Dios, porque no es así.

Las entidades negativas y que están en conexión con las tinieblas, tienen la función de ejercer dominio e influencias de tal manera que, los pueblos son inducidos a desagradar el corazón de Dios, pero la mujer que se conduce bajo un temor reverente a Dios, lo agradará en todo momento; con esto puedes ver claramente que son 2 creaciones totalmente diferentes aunque al pensar en el género femenino, la mujer también se incluye en este grupo; pero recuerda también que, Satanás de alguna manera, deja ver la Biblia que es de género masculino y no por eso puedes pensar que al hablar de esa entidad, estoy incluyendo a toda la creación de Dios de género masculino dentro de lo que estaría el hombre como tal.

Espero en Dios haberme dado a entender para evitar que haya un escudo que impida que sea asimilado adecuadamente este estudio que Dios está permitiendo que quede por escrito en este libro y que haya memoria entonces de las mujeres extraordinarias descritas en la Biblia, como las que describo a continuación:

1. **Débora** (la etimología de este nombre deja ver que su raíz hebrea es Dabar; también puedes ver que el significado de

Débora es miel, bíblicamente la miel es figura de la revelación de la palabra de Dios).

2. **María la madre de Jesús** (María no fue una mujer común, también fue extraordinaria, aunque la Biblia no relata mucho acerca de su genealogía).

3. **5 Mujeres en la genealogía de Jesús** (Dios no permitiría que una entidad místicamente femenina de las tinieblas participara en la genealogía de Jesús; las que participaron fueron mujeres que destacaron).

4. **Loida y Eunice** (Timoteo tuvo la fe de su abuela y de su mamá, también puedes ver que eran mujeres extraordinarias).

5. **Las 4 hijas profetas de Felipe según Hechos 21:9 y 10** (mujeres extraordinarias).

Con esto puedo entonces confiar en que no hay motivo para que sea malinterpretado todo lo que expondré en este capítulo por estar enfocado a la enseñanza de las transferencias espirituales y que las tinieblas también las usan de una forma burda para sus propósitos de maldad.

## Los Espíritus Humanos Más Peligrosos

En los capítulos anteriores tuviste la oportunidad de estudiar acerca del espíritu de algunos personajes que, a pesar de estar muertos, pueden seguir teniendo influencia negativa sobre vivos, pero dentro de los personajes que pudiste ver, todos eran espíritus místicamente masculinos, ahora tendrás la oportunidad de ver la influencia de un espíritu místicamente femenino, por esa razón expuse una introducción amplia y haciendo énfasis en la diferencia entre un grupo y el otro, entre una creación y la otra.

1. El espíritu de Esaú
2. El espíritu de Ismael
3. El espíritu de Caín
4. El espíritu de Balaam
5. El espíritu de Coré
6. El espíritu de Saúl
7. El espíritu de Jezabel

Aun quedaron algunos nombres que puedes darte a la tarea de estudiarlos bajo el lineamiento que pudiste ver; pero no dejaré de enseñarte entonces acerca del espíritu Jezabel.

Como recordarás, expuse que, a pesar de que los espíritus enlistados existieron hace muchísimos años, la gente a la cual se dirige la advertencia en el Nuevo Testamento, debía cuidarse de la influencia de aquellos personajes; insisto, no debían cuidarse de las personas como tal, sino de la influencia de esos espíritus por lo malo o negativo que hicieron y que ahora puedan estar ejerciendo una influencia totalmente negativa sobre alguien.

Recuerda que alguien con un espíritu negativo como los que describí; con lo que haga, estará contaminando y preparando a otros para que sean una especie de vehículo en la siguiente manifestación de ese espíritu, aquí es donde puede ver entonces que las transferencias no son solamente verticales, sino también horizontales y sin necesidad que haya un receptor genético adecuado, solamente necesitan encajar en el entorno y si lo haya adecuado para manifestarse, ahí se quedará.

## LA INFLUENCIA DEL ESPÍRITU HUMANO

### Definiendo la influencia

Cuando hablo de la influencia de los espíritus humanos o espíritus inmundos, estoy refiriéndome a ser influenciados con su personalidad, sus actitudes y su mentalidad.

Ahora observa el siguiente versículo que hace referencia a una mujer que existió hace muchísimos años pero por su comportamiento, su espíritu se ha trasladado de forma horizontal ejerciendo influencia negativa:

**Apocalipsis 2:20** 'Pero tengo esto contra ti: que toleras a esa mujer **Jezabel**, que se dice ser profetisa, y **enseña y seduce** a mis siervos a que cometan actos inmorales y coman cosas sacrificadas a los ídolos.

Recuerda que este versículo, muy específicamente, son palabras del Señor Jesucristo entregadas al Apóstol Juan por revelación mientras él estaba en la isla de Patmos, había sido exiliado, estaba en cautiverio en aquella isla pero recibiendo de Dios para dejar por escrito lo que hoy se conoce como el libro de Apocalipsis. Pero el punto que deseo resaltar es que la mujer llamada Jezabel que describe este versículo, no es la misma que se describe en **1 Reyes 18:19**, es otra mujer aunque con la influencia de Jezabel, razón por la cual Jesús la llama con el mismo nombre de la antigüedad.

## Los Orígenes De Jezabel

Para poder comprender quién era esa entidad que traspasó el tiempo de forma horizontal, es necesario ver sus orígenes, empezaré por mostrarte la siguiente cita:

**1 Reyes 16:29-31** Acab, hijo de Omri, comenzó a reinar sobre Israel en el año treinta y ocho de Asa, rey de Judá, y reinó Acab, hijo de Omri, sobre Israel en Samaria veintidós años. **30** Y Acab, hijo de Omri, hizo lo malo a los ojos del SEÑOR más que todos los que fueron antes que él. **31** Y como si fuera poco el andar en los pecados de Jeroboam, hijo de Nabat, **tomó por mujer a Jezabel**, hija de Et-baal, rey de los sidonios, y fue a servir a Baal y lo adoró.

- ✓ Según en el Antiguo Testamento, el nombre Jezabel es traducido como Iyzebel o Izebel.

- ✓ Ese nombre se encuentra 19 veces en el primer y segundo libro de Reyes.

- ✓ Otra característica es que fue la esposa del rey Acab, uno de los reyes de las tribus del norte y su centro de operaciones estaba en Samaria.

**1 Reyes 18:4** ...pues sucedió que cuando **Jezabel destruyó** a los profetas del SEÑOR, Abdías tomó a cien profetas y los escondió de cincuenta en cincuenta en una cueva, y los sustentó con pan y agua.)

La función de Jezabel era destruir a los varones que hablaban de parte de Dios, a los varones de los cuales dice la Biblia que eran como Su boca **(Jeremías 15:19 RV1960)**; pero lo temible es que la misma situación se estaba dando lugar en la Iglesia de Tiatira; en el pasado era una mujer literal y en Apocalipsis se hace referencia a la entidad místicamente femenina; en el pasado les daba muerte física y en Apocalipsis es una muerte espiritual que puede llegar a lo físico.

## La existencia del espíritu de Jezabel

Existen varias posiciones teológica al respecto, según algunas escuelas teológicas, no hay base para hablar del espíritu de Jezabel; sin embargo, a través de este capitulo, verás la actividad jezabélica operar en la naturaleza carnal de un hombre o una mujer que, como marionetas, son influenciados para atacar a la Iglesia de Cristo, ministerios, familias o individuos a manera que no cumplan el propósito de Dios en la Tierra.

Es por eso que, prestando la debida atención, encontrarás detallada la definición y origen del ataque jezabélico; usaré el fundamento bíblico necesario que permitirá ver el espíritu de Jezabel operando para afectar y oponerse a todo lo que es de Dios.

## ¿CUÁL ES LA RAÍZ DE JEZABEL?

**Jezabel:** hija del rey de los sidonios y esposa de Acab.

**1 Reyes 16:31** Y como si fuera poco el andar en los pecados de Jeroboam, hijo de Nabat, tomó por mujer a Jezabel, hija de Et-baal, rey de los sidonios, y fue a servir a Baal y lo adoró.

Ejerció dominio y ordenó la decapitación de los profetas de Dios como ya lo expuse; eso es para los que hablaban de parte de Dios, muy especialmente el ataque es a los hombres.

## EL NOMBRE JEZABEL

El sello de Jezabel llevaba letras de su nombre y su nombre significaba lo siguiente:

1. Según el diccionario John Hill: sin cohabitación.

2. Según Hitchcock: casto, castidad.

3. Según Strong Antiguo: castidad.

4. Según el Webster: la no casada.

Puedes ver entonces que el más común de los significados del nombre Jezabel es **castidad**, eso significa, alguien que nunca ejerce su función matrimonial, por su significado puedo pensar en que no pagaba su debito conyugal, menos aún el hecho de reconocer autoridad en su esposo, al contrario, lo manipuló de tal manera que era ella la que tomaba las decisiones, solamente le decía a su esposo qué era lo que ella quería que él ordenara y eso se hacía.

## LA IRONÍA DEL NOMBRE JEZABEL

De acuerdo a los significados definidos por los diccionarios anteriores, puedo ver lo siguiente:

- ✓ **Castidad:** es la renuncia total al placer sexual.

- ✓ **Voto de castidad:** renunciar a casarse, quedarse soltero.

Según el nombre de Jezabel, significa **casta** es decir que no conocía marido, pero era acusada de fornicación en **Apocalipsis 2:20**.

Según el diccionario Webster su nombre significaba **la no casada**, pero era la esposa del rey Acab, según **1 Reyes 16:31**.

## Las Influencias de Los Espíritus Místicos Femeninos

Por supuesto que el significado de castidad también tiene su punto de vista positivo, pero era algo que Jezabel no tenía, sino que más bien manipulaba el significado de su nombre a su conveniencia:

- ✓ **Castidad:** Decencia, virginidad, honestidad, decoro, pudor, continencia, virtud, pureza, carencia de sensualidad.

- ✓ **Castidad:** Celibato el cual es el estado de quien no ha contraído matrimonio, especialmente al estado de los religiosos que han hecho voto de castidad como los sacerdotes católicos deben vivir, según sus propias enseñanzas.

Pero entonces ¿por qué Jezabel tiene un significado y su vivir o actuar es diferente?, puedo decir que simplemente es un enemigo que histórica y bíblicamente ha causado mucho daño a través de los tiempos.

## RESEÑA HISTÓRICA DE JEZABEL

- ✓ Esposa del rey Acab, un hombre pasivo y dependiente de las decisiones de su esposa; esto significa que Jezabel no es solamente un espíritu que opera o ataca a una mujer y que ejerce sus influencia a través de una mujer, sino que Jezabel se puede manifestar también en un hombre como lo hizo con el rey Acab. Cuando hay un hombre que es pasivo, es porque hay influencia jezabélica o es un receptor para que el espíritu de Jezabel opere en su vida o en ese hogar.

## SU FAMA

- ✓ Considerada rebelde y manipuladora.

## SU INFLUENCIA

- ✓ Ella había hecho que 10 millones de hebreos, (menos 7 mil que no doblaron su rodilla ante Baal), dejarán el pacto con Dios.

## ¿QUIÉN FUE?

- ✓ Ella fue una de las 4 mujeres que desarrollaron un plan para tratar de gobernar el mundo, es decir, una de las peores enemigas del Reino de Dios (Jezabel, Athalia, Semiramis, Vasti).

## ¿QUÉ HIZO?

- ✓ Su fama se propago por la fuerte influencia y la matanza que hizo de siervos profetas de

Dios y la apostasía que llevó al pueblo de Israel para que le dieran la espalda a Dios.

## LA HISTORIA COMPROBADA

✓ Según datos arqueológicos, una de las maneras con las cuales propagó su temor fue a través de amenazas escritas que firmaba con su sello. A este respecto puedes ver ampliamente una sección entera en el libro que Dios me permitió escribir, titulado: **LA TRILOGÍA DE LAS BATALLAS**.

Pero además de esto, profundiza un poco más en saber quién era Jezabel:

✓ Era una mujer cananea, nacida de Et-baal, rey de los sidonios y servidor de Baal y Astarot diosa cananea; era una sacerdotisa de esos cultos.

✓ Se convirtió en la princesa fenicia.

✓ Jezabel era ajena al pueblo de Israel y sabía muy poco sobre el Dios de Israel; conocía a profundidad las tinieblas pero no conocía del único Dios verdadero.

✓ No tenía revelación de YHWH Dios de Israel.

- ✓ Ni era del pacto de Abraham, Isaac y Jacob; nunca respeto ese pacto.

- ✓ Jezabel fue instruida en la cultura pagana, muy bien instruida en sus doctrinas, su adoración, sus prácticas y su moralidad.

- ✓ Para Jezabel YHWH era un Dios invisible que no tenía relación alguna con su formación pagana e idolátrica, para ella era totalmente ajeno a sus costumbres y nunca pretendió seguirlo.

- ✓ Jezabel contrajo matrimonio con el rey de Israel, Acab como parte de su estrategia diabólica para ejercer más fácilmente el control total sobre el pueblo de Israel para hacerlo caer en todo tipo de engaño.

- ✓ Con el rey Acab fue un matrimonio a conveniencia.

- ✓ Jezabel corrompió, dividió y llevó acabo un violento movimiento de apostasía como nunca antes visto en la historia de Israel Reino del Norte.

- ✓ Para Jezabel la cultura de Israel no era comprensible porque estaba fundada sobre la santidad y la reverencia a YHWH en lo cual ella nunca tuvo interés alguno.

✓ Jezabel fue responsable de que Israel se separara de los caminos de Dios y de haber hecho que ellos siguieran el camino de otras naciones.

✓ Para Jezabel era insoportable el culto a YHWH porque era adoradora de Baal y Astoret.

✓ Jezabel había sido formada en la creencia racista y odiosa de menospreciar y despreciar a los israelitas que no compartían su creencia.

✓ Para Jezabel su primera confrontación era los mandamientos que Dios le dio a Israel, sencillamente no los creía y no estaba dispuesta a reverenciarlos.

Todo esto es un extracto de lo más relevante de la vida de Jezabel a través de la historia, de la Biblia y de fuentes que describen cómo era Jezabel, para entonces llevarte al desarrollo propiamente dicho de este capítulo:

## La Transferencia Generacional De Jezabel

Cuando me refiero propiamente de la transferencia generacional de Jezabel, es porque podrás ver cómo su influencia fue marcada en diferentes etapas y en diferentes personalidades con lo cual alcanzaron las misma características de Jezabel, tuvieron la misma manifestación diabólica de la que tuvo la persona de Jezabel.

- ✓ **Jezabel**
- ✓ **Atalía**
- ✓ **Herodías**
- ✓ **Salomé**
- ✓ **Jezabel mujer en Tiatira que enseña y seduce y se dice profetiza**
- ✓ **Jezabel alías la TERMAGANT del siglo XXI**

Esto fue como una estafeta en una carrera de relevos, la misma estafeta le era trasladada de una a la otra con la misma personalidad.

Obviamente, lo primero que buscará esa potestad es un receptor de género femenino para luego proyectarse en el esposo de aquella mujer que, habiendo sido afectado de muchas maneras, lo termina dominando como lo hizo Jezabel con Acab. Insisto en que no es un ataque ni señalamiento contra las mujeres en general, menos aún a la mujer que es respetuosa de la palabra de Dios. La potestad de Jezabel usa principalmente una mujer porque su condición de género es femenino, es un vaso que se adecua más a ella.

Si digo: la potestad de Jezabel, implícitamente estoy refiriéndome al género femenino.

Si digo: la mujer, implícitamente estoy refiriéndome al género femenino.

El factor común es: el género femenino.

El factor particular es: 2 creaciones diferentes:

- ✓ La potestad de Jezabel pertenece a una de las primeras creaciones netamente espirituales que se revelaron contra Dios y pasaron a formar parte del reino de las tinieblas.

- ✓ La mujer pertenece a la creación de la humanidad; así como el hombre pertenece a la creación de la humanidad bajo el género masculino, la mujer pertenece a la creación de la humanidad bajo el género femenino.

## ¿Cuál Fue La Influencia De Atalía?

**2 Reyes 11:1** Cuando Atalía, madre de Ocozías, vio que su hijo había muerto, se levantó y exterminó a toda la descendencia real.

- ✓ En comparación a lo que hizo Jezabel, puedes recordar que destruyó a la mayoría de los profetas de Dios y cautivó a 10 de las tribus de Israel desde el reinado de Acab.

- ✓ Era hija de Jezabel, Atalía quería ser reina y destruyó a la descendía real.

- ✓ Ella representa a una asesina que intentó destruir a sus propios hijos.

## ¿Cuál Fue La Influencia De Herodías?

**Mateo 14:6-8** Pero cuando llegó el cumpleaños de Herodes, la hija de **Herodías** danzó ante ellos y agradó a Herodes. **7** Por lo cual le prometió con juramento darle lo que ella pidiera. **8** Ella, instigada por su madre, dijo: Dame aquí, en una bandeja la cabeza de Juan el Bautista.

## Las Influencias de Los Espíritus Místicos Femeninos

- ✓ Algunos historiadores dicen que su hija se llamó **Salomé**.

- ✓ Atacó al Profeta Juan quien era el precursor de Cristo, el preparador del camino del Señor.

- ✓ El ataque contra los profetas se vivió durante el período de Jezabel y Herodías.

- ✓ Interesantemente se decía que en Juan el Bautista estaba el espíritu del Profeta Elías.

Como recordarás, en el Antiguo Testamento dice claramente que Jezabel estaba decidida a matar al Profeta Elías por la justicia que había hecho contra sus profetas, los profetas de Jezabel. Sin embargo ella no logró su propósito por cuanto el Profeta fue arrebatado y a ella la mataron. Pero pasó el tiempo y hubo una transferencia horizontal porque la venganza de Jezabel se ve consumada en la cita anterior cuando una mujer bajo la influencia de Jezabel, aprovecha la oportunidad para matar al que tenía la influencia del Profeta Elías.

### ¿Cuál Fue La Influencia De Jezabel Como Falsa Maestra En Tiatira?

**Apocalipsis 2:20** 'Pero tengo esto contra ti: que toleras a esa mujer Jezabel, que se dice ser profetisa, y enseña y seduce a mis siervos a que cometan actos inmorales y coman cosas sacrificadas a los ídolos.

- ✓ Un punto muy importante aquí es que, la Biblia no dice que era Profeta sino que, ella se hace llamar Profeta.

- ✓ Otro punto importante que debes notar es que la influencia que ejercía Jezabel era a través de la seducción.

**¿Qué es seducción?**

Es el acto que consiste en inducir y persuadir a alguien con el fin de modificar su opinión o hacerle adoptar determinado comportamiento o actitud.

Entonces hablar de seducción no es solamente una influencia de tipo sexual, sino que, es el hecho de desviar a través de los sentidos, con el propósito de que haya un cambio en el comportamiento de una persona.

- ✓ Otro punto es que, el versículo anterior está haciendo énfasis en señalar a Jezabel como, **...esa mujer...** lo cual es una frase que la señala como una persona con principios muy bajos o sin principios morales de ninguna clase.

✓ Jezabel es considerada una **TERMAGANT**, como decir que es un sinónimo de una mujer cualquiera o como lo señala el versículo anterior diciendo: **...esa mujer...** o como decir que Jezabel no llega a la medida de una verdadera mujer porque el verdadero diseño de una mujer no manifiesta las características que se puede ver en la Biblia en relación a Jezabel.

✓ El término **TERMAGANT**, es usado para referirse a las actitudes de Jezabel las cuales son abominables, sucias, impuras, negativas, etc., sin embargo la Iglesia en Tiatira la estaba tolerando.

## ¿Qué Es Una Mujer Termagant?

✓ La definición en el diccionario es de una mujer malhumorada.

✓ Una mujer que discute ruidosamente para obtener o lograr lo que quiere.

✓ Una mujer dura, templada o dominante.

- ✓ Una mujer de carácter violento y turbulento.

- ✓ Una mujer que siempre está discutiendo y luchando para imponerse.

- ✓ Una mujer como figura bulliciosa y autoritaria.

- ✓ Una mujer pendenciera y regañadura, musaraña.

Nuevamente puedo hacer énfasis en lo que expliqué al principio, aunque es una potestad de género femenino, no llega al nivel de ser una mujer porque el diseño de Dios en una mujer está debidamente descrito en la Biblia, al igual de lo que es un hombre.

## LA COSAS QUE JEZABEL NO RECONOCÉ

- ✓ No le gusta la amonestación.

- ✓ No resiste el verdadero espíritu de autoridad.

- ✓ No acepta a los verdaderos profetas.

- ✓ No le gusta el éxito de otro.

- ✓ Ella quiere sobresalir entre los demás, sobresalir entre el éxito de otros.

- ✓ Ella no tiene título dado por Dios.

## LA TRANSFERENCIA DE JEZABEL EN LA IGLESIA

**Apocalipsis 2:20-23** 'Pero tengo esto contra ti: que toleras a esa mujer **Jezabel**, que se dice ser profetisa, y **enseña y seduce** a mis siervos a que cometan actos inmorales y coman cosas sacrificadas a los ídolos. <sup>21</sup> 'Le he dado tiempo para arrepentirse, y no quiere arrepentirse de su inmoralidad <sup>22</sup> 'Mira, la postraré en cama, y a los que cometen adulterio con ella los arrojaré en gran tribulación, si no se arrepienten de las obras de ella. <sup>23</sup> **'Y a sus hijos mataré** con pestilencia, y todas las iglesias sabrán que yo soy el que escudriña las mentes y los corazones, y os daré a cada uno según vuestras obras.

Esto lo que deja ver entonces es que, todos los que se permitían seducir por Jezabel, terminaban siendo sus hijos espirituales porque ella los adoctrinaba, es como que fueran reengendrados por el mal.

De las cosas que Cristo tiene en contra de la Iglesia Tiatira es que, está permitiendo la transferencia de la influencia de Jezabel:

- ✓ **Toleras a esa mujer:** eso significa una mujer cualquiera o Termagant.

- ✓ **Se dice profetiza:** ella se auto nombra Profeta, pero Dios no la llamó a esa función.

- ✓ **Enseña ilegalmente:** estableciendo doctrina, es autoritaria enseñoreándose sobre el hombre.

- ✓ **Seduce a los siervos:** los conduce a actos inmorales y a la idolatría.

Cuando dice la Biblia que Jezabel **enseña**, está haciendo referencia al término **Didasko G1321** la cual aparece 99 veces en la Biblia y todas están estrictamente vinculadas con la enseñanza de los apóstoles, excepto 5 veces donde aparece con significado negativo, es decir, donde se enseña a través de personas que no están autorizados para ese tipo de enseñanza doctrinal como le corresponde a un Apóstol, siendo los versículos siguientes donde aparecen las 5 veces que hace referencia negativa:

1. **Hechos 15:1** Y algunos descendieron de Judea y **enseñaban** a los hermanos: Si no os circuncidáis conforme al rito de Moisés, no podéis ser salvos. *(De estos dice la Biblia en Hechos 15.24 "a los cuales no autorizamos")*

2. **Romanos 2:21** ...tú, pues, que **enseñas** a otro, ¿no te enseñas a ti mismo? Tú que predicas que no se debe robar, ¿robas?

3. **Tito 1:11** ...a quienes es preciso tapar la boca, porque están trastornando familias enteras, **enseñando**, por ganancias deshonestas, cosas que no deben.

4. **Apocalipsis 2:14** 'Pero tengo unas pocas cosas contra ti, porque tienes ahí a los que mantienen la doctrina de Balaam, que **enseñaba** a Balac a poner tropiezo ante los hijos de Israel, a comer cosas sacrificadas a los ídolos y a cometer actos de inmoralidad.

5. **Apocalipsis 2:20** 'Pero tengo esto contra ti: que toleras a esa mujer Jezabel, que se dice ser profetisa, y **enseña** y seduce a mis siervos a que cometan actos inmorales y coman cosas sacrificadas a los ídolos.

Dicho en otras palabras, Jezabel estaba usurpando el lugar que le corresponde ocupar a una cabeza ministerial de género masculino, específicamente un hombre de Dios y no una mujer, menos aún a una potestad como lo es Jezabel; entonces los que usurpan ese tipo de delegación de parte de Dios, sencillamente están influenciados por la potestad de Jezabel.

Ahora observa lo que dice la Biblia en relación a la enseñanza doctrinal:

**1 Timoteo 2:12** "Yo no permito que la mujer **enseñe ni que ejerza autoridad sobre el hombre** *(esto es como oponerse a la usurpación de Jezabel)*, sino que permanezca callada."

- ✓ Pablo utiliza la palabra griega **Didasko G1321,** es la misma que usa Jezabel como ya lo señalé, usurpando una función y posición con la que influencia a la Iglesia en Tiatira.

- ✓ También es necesario hacer énfasis a qué se refiere la Biblia cuando dice que ninguna mujer está habilitada para enseñar; porque no está haciendo referencia a enseñar propiamente como alguien que traslada un patrón existente, sino que, la mujer no puede establecer doctrina.

- ✓ También puedo mencionar que existen 11 formas en que una mujer puede enseñar y 1 en a que no debe hacerlo.

- ✓ Esto deja abierta la posibilidad de que una mujer pueda enseñar trasladando lo que ya está establecido en la Biblia y que un ministro primario de Dios, identificado como un Apóstol de Dios, doctrina que haya recibido por el Espíritu Santo para ser trasladada a la Iglesia de Cristo como parte de toda una verdad y que eso sirva, tanto para gozarse en al palabra de Dios, como para blindarse contra todo engaño de las tinieblas.

- ✓ Lo que Jezabel pretende enseñar es un modo de vida (doctrina), a su conveniencia para ejercer una autoridad que no le ha sido delegada por Dios.

## La Enseñanza de Mujer Sin Transferencia Jezabélica

Establecí entonces en base a la Biblia, que existen 11 palabras que dejan ver las formas de enseñar que la mujer puede ejercer legalmente delante de Dios, sin caer en la condición de una mujer **TERMAGANT** influenciada por la transferencia de Jezabel.

Las 11 palabras son las siguientes:

1. **1256 Dialegomai:** aparece 13 veces en la Biblia, se usa para enseñar, razonar, disputar, predicar y hablar.

2. **2605 Katangello:** aparece 17 veces en la Biblia donde además de enseñar, se usa para predicar, declarar, mostrar y hablar.

3. **2727 Katecheo:** aparece 8 veces en la Biblia, se usa para enseñar, instruir y informar.

4. **3377 Menuo:** aparece 4 veces en la Biblia, se usa para enseñar, mostrar y decir.

5. **3453 Mueo:** aparece 1 vez en la Biblia, se usa para enseñar donde tiene el sentido de instrucción.

6. **3594 Hodegeo:** aparece 5 veces en la Biblia, se usa para enseñar, se puede traducir como guiar y liderar.

7. **3811 Paideuo:** aparece 15 veces en la Biblia, se usa para enseñar, se puede traducir para castigar, corregir, instruir y aprender.

8. **3860 Paradidomi:** aparece 135 veces en la Biblia, se puede traducir como entregar, entregar a alguien por traición, encomendar, recomendar, traer, dar y poner.

9. **4994 Sophronizo:** aparece 1 vez en la Biblia en el siguiente verso: Tito 2:4 ...que enseñen a las jóvenes a que amen a sus maridos, a que amen a sus hijos.

10. **5263 Hupodeiknumi:** aparece 6 veces en la Biblia y también se traduce como advertir y mostrar.

11. **5294 Hupotithemi:** aparece 2 veces en la Biblia, también se traduce como recordar y poner.

Estoy dejando toda esta enseñanza de la mejor manera posible, porque Jezabel es una potestad que puede engañar con toda sutileza y causar los más grandes estragos en las congregaciones y aún en los hogares, porque es el hogar donde debe comenzar el reconocimiento de la autoridad delegada por Dios, no es que se imponga, la autoridad debe reconocerse cuando El se la entrega a una persona para que, partiendo de ahí, todo fluya de acuerdo a Sus propósitos de bendición.

## Las Armas De Jezabel Que Influencian En Las Transferencias

La manera en que esa potestad ejerce su presión una vez que ha iniciado su ataque, es a través de las siguiente armas de tinieblas:

- ✓ **Amenazas**

- ✓ **Seducción**

- ✓ **Manipulación**

- ✓ **Intimidación**

- ✓ **Blasfemia**

- ✓ **Matriarcado demoníaco**

Estas son las características propias para ser una **TERMAGANT**.

## ¿QUÉ ES UNA INFLUENCIA?

Es el poder o la autoridad de alguien sobre otro sujeto que lleva a resultados específicos. La influencia puede cambiar el destino de alguien por ser la fuerza que afecta el carácter, el comportamiento y desarrollo de alguien.

## EJEMPLOS DEL PODER NEGATIVO DE LAS INFLUENCIAS

- ✓ Lucifer y la tercera parte de las estrellas - **Apocalipsis 12**.

- ✓ Los 10 espías que influenciaron a toda una nación - 3 millones de personas - con palabras negativas, afectándolos con miedo - **Números 13**.

- ✓ La reina Jezabel influenció a Acab rey de Samaria y a toda una nación, incluyendo a 450 profetas - **1 Reyes**.

Esto lo estoy citando para que veas los estragos que puede ejercer una influencia porque una vez que entra la influencia de Jezabel, se afecta lo siguiente:

- ✓ Las emociones y sentimientos.
- ✓ Los pensamientos, las ideas y los planes en la vida.
- ✓ El alma y la voluntad.

Cuando se pierde la puerta de la influencia, la persona está dispuesta para ser manipulada.

## ¿QUÉ ES UNA INTIMIDACIÓN?

Dominar la intimidación le permite al reino de las tinieblas un avance para determinar el resultado final de su operación diabólica.

La intimidación es el acto de hacer que otros hagan lo que alguien quiere, a través del miedo; puede manifestarse como una manera de amenaza física, miradas amenazantes, manipulación emocional, abuso verbal, humillación intencional y/o verdadero maltrato físico. También puede ser empleada consciente o inconscientemente y un porcentaje de gente que lo emplea conscientemente puede hacerlo como resultado de tener ideas racionalizadas de apropiación.

## EJEMPLO BÍBLICOS DE INTIMIDACIÓN

- ✓ Goliat intentó intimidar a David.
- ✓ Jezabel intentó intimidar al Profeta Elías.
- ✓ Los leones del foso intentaron intimidar a Daniel.
- ✓ El pueblo intentó intimidar al Profeta Jeremías.
- ✓ Sambalat y Tobías intentaron intimidar al Profeta Nehemías.

La intimidación opera por palabras, amenazas, chantajes, por revelar secretos del pasado de otros, etc., todo eso produce un trauma emocional que causa que el individuo sea vulnerable a la manipulación.

Cuando una persona está siendo amenazada por otra, en el sentido que le van a revelar su vida pasada que quizá fue vergonzosa a otros, aunque aquella persona confesó, se apartó y se arrepintió; el espíritu de Jezabel hace que otro esté intimidando con hechos que Dios ya perdonó.

El problema es que muchos desconocen cómo opera el espíritu de Jezabel, peor aún, se olvidan que si bien es cierto que tuvieron una vida desordenada en cualquier ámbito de la vida; Dios los perdonó y nadie tiene la solvencia para señalarlos, pero por la intimidación con la que trabaja el espíritu de Jezabel; la persona cae en estados de miedo y acusación llevándola a que la caiga en el nivel de la manipulación.

No puedo dejar de mencionar que la intimidación viene de la palabra fobia.

## ¿QUÉ ES FOBIA?

Es el temor intenso e irracional de carácter enfermizo hacia una persona, una cosa o una situación que no representa peligro alguno, por lo tanto es ilógico.

En contraposición a esto, la Biblia dice lo siguiente:

**2 Timoteo 1:7** Porque no nos ha dado Dios el espíritu de **temor** *(FOBIA)*, sino el de fortaleza, y de amor, y de templanza.

## ¿QUÉ ES LA MANIPULACIÓN?

Es una actividad básica del mundo espiritual de las tinieblas, más específicamente, de la brujería.

Un practicante del ocultismo, cuando ejerce brujería, está manipulando elementos como la mente, las ideas, las actitudes de una persona, etc. Es por eso que, cuando una persona, consciente o inconsciente, está manipulando a otra persona o grupo de personas sin importar el número de ellas, sencillamente está practicando brujería; esto es cuando se ejerce por alguien que no es practicante del ocultismo.

Esto es muy delicado porque cuando un ministro del evangelio está ejerciendo manipulación desde un púlpito para trasladar e imponer sus ideales, está ejerciendo brujería; por supuesto que no lo hacen con palabras groseras, sino que el trabajo es muy sutil, principalmente cuando la persona tiene mucha elocuencia, tiene una capacidad verbal donde proyecta sus ideas pero con la intención de salir favorecido en todo y de forma muy personal.

El problema con esto es que la gente empieza a ser esclava de aquel que los está trabajando, le entregan su autonomía, su libertad a la cual Dios los llamó, etc., aún a la familia se le esclaviza a la voluntad de aquella persona, pretendiendo que todo lo que deseen hacer, sea aprobado por él o por ella.

Lamentablemente cuando eso sucede, por ser precisamente una obra del espíritu de Jezabel, si alguien se levanta señalando su error; la gente no lo acepta, tanto el manipulador como los manipulados rechazan la idea de estar como hipnotizados, porque es como reprender a un pecador y estarlo exhortando a que deje de pecar, no acepta su pecado porque su visión espiritual está enceguecida; lo mismo es con este tipo de personas que son expertos en manipular congregaciones enteras.

El diccionario Webster define la manipulación como el hecho de influir, especialmente con la intención de engañar.

## OTRAS DEFINICIONES DE MANIPULACIÓN

- ✓ La manipulación es la actividad de una persona controlando a otros para completar metas egoístas y ambiciosas. Esto tiene lugar cuando una persona enseña o todo lo que habla, está enfocado para beneficiarse él o ella como ya lo mencioné; buscan ser el punto central de los demás en lugar de llevar a que la gente tenga sus ojos y corazón solamente en el Señor Jesucristo.

- ✓ La manipulación está claramente enraizada en la naturaleza carnal; esto deja ver que la persona que está en un púlpito manipulando a una congregación, sencillamente no es espiritual.

## Las Influencias de Los Espíritus Místicos Femeninos

- ✓ El objetivo de la manipulación es tener el control absoluto de los demás, pero no es una situación que se vea a simple vista como algo impositivo, sino con toda sutileza traslada sus ideales muy propios para que todos lo sigan, lo imiten y quien no lo haga, lo señalan de estar en desorden delante de Dios.

- ✓ Quien tiene el poder determina el resultado final.

## ¿QUÉ ES EL DOMINIO?

Una vez que se han traspasado los niveles anteriores como la influencia y la manipulación, se llega al dominio el cual es un poder usado para aumentar la sumisión. Esto está muy ligado al momento cuando alguien está diciendo que se le sujeten en todo, aunque sus decisiones sean erradas, peor aún; si alguien no piensa lo mismo que la persona que está dominando, el otro es tildado de una persona rebelde.

Dicho en otras palabras, la persona que está manipulando, ahora domina con palabras que se han establecido diciendo que si alguien piensa lo contrario, está errado, pero la realidad es que todo eso es sinónimo de esclavitud porque la gente no tiene derecho a pensar por voluntad propia, sino que, todo es consultado al que los está dominando.

Con esto no estoy diciendo que no deba haber autoridad, en realidad es Dios quien delega autoridad pero no para imponerla ni manipularla para que los demás la asuman después de haber sido trastocada; la autoridad se reconoce en la persona que Dios la ha delegado y es entonces cuando fluye la bendición de Dios.

La autoridad no significa que los demás deben renunciar a su voluntad para entregarla a quien pretenda tener autoridad bajo un falso manto de humildad, cuando la realidad es que todo lo está ejerciendo imponentemente, aunque de una forma muy sutil; repito, bajo un falso manto de humildad.

El diccionario Webster lo define de la siguiente forma:

- ✓ Supremacía o preeminencia sobre otro.

- ✓ Ejercicio de dominio, gobernar con poder o influencia preponderante.

Cuando se llega a ser objeto de dominio, lo cual es someterse a cualquier fuerza que se esté aplicando, no se está bajo el cuidado de Dios, sino que, se está en un vínculo o atadura con el que ejerce el dominio. Esto es el espíritu de Jezabel que está ejerciendo control y dominio, aún a través de un hombre, pero por su falta de espiritualidad, se ha convertido en un receptor de esa potestad diabólica.

## ¿QUÉ ES LA SEDUCCIÓN?

- ✓ Atrae a las emociones y a la carne de tal manera que el individuo que es seducido, llega a ser intoxicado.

- ✓ La seducción puede ser intelectual, emocional, física con lo cual atrae los sentidos de la carne, dicho en otras palabras, la seducción es de naturaleza carnal.

- ✓ Por consiguiente, la seducción tiene un fuerte impacto en el intelecto, las emociones y el cuerpo físico.

Aunque haya gente muy inteligente, una vez que fue influenciado, manipulado y dominado; es mas facilmente seducido por una naturaleza carnal.

- ✓ La seducción rompe las defensas del individuo.

- ✓ La seducción es más efectiva donde hay naturaleza carnal que busca satisfacción.

- ✓ No toda la seducción es sexual.

## ¿QUÉ ES LA ACUSACIÓN?

**Apocalipsis 12:10** Oí una gran voz en el cielo que decía: Ahora llega la salvación, el poder, el reino de nuestro Dios y la autoridad de su Cristo, porque fue precipitado **el acusador de nuestros hermanos**, el que los acusaba delante de nuestro Dios de día y de noche.

- ✓ La acusación es entonces la puerta de argumentos falsos o verdaderos que conquistan la motivación, la energía, la capacidad, los talentos, la creatividad, etc.

- ✓ Si el enemigo no puede encontrar algo que sea cierto, entonces lo inventará para atacarte.

- ✓ En el versículo anterior se hace referencia a Satanás, pero el espíritu de Jezabel opera de igual manera porque el fin es que, por medio de la acusación, seas limitado en todo el potencial que Dios puso en tu vida y que no avances porque si lo haces, estorbarás la operación de las tinieblas, porque eres considerado un guerrero espiritual del lado de la luz de Dios.

Las acusaciones amargan, debilitan, producen dolor y desesperanza.

**La falsa acusación** duele porque es difícil defenderte de algo que no es realidad y la mayoría de las personas creen a lo falso, regularmente por la morbosidad de la gente.

**Verdadera acusación** es la realidad de un error, falla o pecado que Dios perdona al confesar y apartarse y arrepentirse porque en El hay misericordia, sin embargo, la gente no quiere perdonar y al no hacerlo confrontan a Dios como diciéndole: ...te equivocaste al perdonarlo.

Ejemplo a este respecto es la siguiente cita:

**Zacarías 3:1-5** Y me hizo ver a Josué, el sumo sacerdote, que estaba en pie delante del ángel de Yahvé y tenia a su diestra a Satán para acusarle. **2** Y (el ángel de) Yahvé dijo a Satán: ¡Que Yahvé te reprima, oh Satán, que Yahvé te reprima, pues El ha elegido a Jerusalén! ¿No es por ventura ése un tizón que acaba de ser arrebatado a la hoguera? **3** Porque estaba Josué vestido de vestiduras inmundas, y así en pie delante del ángel. **4** Este mandó, hablando a los que estaban delante de él: Quitadle las vestiduras inmundas y vestidle las vestiduras de ceremonia, **5** y poned sobre su cabeza una tiara pura. Ellos pusieron la tiara sobre su cabeza y le vistieron de las vestiduras de ceremonia, y el ángel de Yahvé, puesto en pie, le dijo: Mira, he quitado de ti tu iniquidad y te he vestido de las vestiduras de ceremonia.

## ¿QUÉ ES LA DIFAMACIÓN?

En principio puedo decir que la fuerza de la acusación es la difamación.

Es atacar o lastimar la reputación o el honor con falsas y maliciosas declaraciones, maldad, calumniar o difamar, maldad para conspirar, engañar, malicioso, hablar mal, ser imprudente, malicia muy dañina.

## ¿QUÉ ES LA BLASFEMIA?

- ✓ Es un discurso difamatorio que tiene sus raíces atadas a la maldad.

- ✓ Es dañino y destructivo, es la maldad para el cuerpo físico.

- ✓ Una maldad en el cuerpo espiritual es mortal a menos que se luche contra él.

Todo lo que hasta aquí describí, son las armas que Jezabel usa en sus ataques, de tal manera que

## Las Influencias de Los Espíritus Místicos Femeninos

cuando logras discernir o detectar alguna de ellas, es porque el espíritu de Jezabel está operando fuertemente en ese lugar o en esa persona; todo esto es importante hacerlo notar, pero el punto es la forma en la que ha operado a través del tiempo porque es por medio de una transferencia generacional espiritual horizontal lo cual deja por un lado el requisito de que haya un receptor genético porque no es necesario en este tipo de transferencias.

Las transferencias horizontales son movibles por medio de los entornos que existan en determinada persona, es decir, los entornos en los que vivió Jezabel encajan con los que hoy pueda tener una persona para que el espíritu de esa potestad funcione como vector y la vida de una persona como receptor.

Recuerda que la característica principal que encontró el Señor Jesucristo en la Iglesia de Tiatira, fue la tolerancia sobre la operación que Jezabel estaba llevando a cabo. Aquella Iglesia sabía que todo lo que Jezabel enseñaba era diferente a la sana doctrina, sin embargo no la detuvieron, sino que la toleraron por cualquier razón.

Con esto he trasladado otro equipamiento que servirá para que tengas el conocimiento y sepas qué hacer en cualquier momento; así como el hecho de servir para el desenmascaramiento de la operación de error de las tinieblas a través del espíritu de Jezabel.

Sin lugar a dudas que, todos los escritos en la Biblia, donde intervinieron varones de Dios, fueron producto de una experiencia extraordinaria que Él les permitió, precisamente con el propósito que aquello que fueran a escribir para que más tarde conformara el canon bíblico, llevara el Espíritu de Dios para impactar las vidas de todos aquellos que tuvieran a su alcance lo que hoy es una Biblia.

De ahí entonces que el Apóstol Pedro tiene una experiencia que le abriría la oportunidad para escribir 2 epístolas, donde lo que quedó escrito, lleva el nivel de madurez espiritual más allá de cualquier concepto humanista, considerando que desde los evangelios puedes ver a Jesús diciéndole a Pedro en determinado momento que Satanás lo había pedido para zarandearlo como a trigo, podría decir que esa situación fue la consecuencia de las actitudes inmaduras que para ese entonces Pedro aún llevaba en su alma y que se manifestaban en su espontaneidad para hablar y actuar.

Pero el tiempo pasó y después de lo que pudo significar aquella zaranda, queda entonces el temple de lo que aquel varón de Dios alcanzó, es cuando escribe consejos que son de suma importancia, de tal manera que hoy todo creyente debe considerarlos, más aún los que de una u otra manera estamos interviniendo en guerra espiritual, es necesario comprender lo que sucede en la esfera de la guerra psicológica del león rugiente y tener la perspectiva desde el vista del impacto que lleva una transferencia espiritual.

Una vez expuesta la introducción de este estudio, paso a compartirte la cita que me servirá como base para el desarrollo de todo lo que verás a continuación:

**1 Pedro 5:8-9 (LBA)** Sed de espíritu sobrio, estad alerta. Vuestro adversario, el diablo, anda al acecho **como león rugiente**, buscando a quien devorar. ⁹ Pero resistidle firmes en la fe, sabiendo que las mismas experiencias de sufrimiento se van cumpliendo en vuestros hermanos en todo el mundo.

De aquí es de donde surge el consejo de Dios a través del Apóstol Pedro, en base a su experiencia, pero dentro de todo esto resaltan 5 palabras que son claves en esta cita:

- ✓ **Sobrio** - Lo que esto significa es que te guardes de todo lo que pueda llegar a tu vida con propósitos negativos y que al final pierdas esa sobriedad, esa sensibilidad para no ser engañado, para no caer bajo ningún hechizo o estupor y que eso te lleva a perder la dirección del Espíritu Santo y la realidad del tiempo actual donde puedes ver constantemente el cumplimiento de la profecía bíblica.

- ✓ **Adversario el diablo** - Partiendo de aquí, la Biblia empieza a explicar el modus operandi de Satanás porque entonces dice cuál es su figura mística, aunque no es propia del diablo porque dice que anda **como león rugiente**. Es interesante ver las artimañas del diablo con las que opera las cuales son muchas, pero aquí lo hace bajo la perspectiva de lo que él no es, pero engañosamente actúa como si lo fuera.

- ✓ **León** - Utiliza esta figura como imitación, recuerda que Satanás no es creador sino imitador aunque como tal, puede hacerlo a mucho detalle porque su propósito es el engaño. Utiliza esta figura porque el Señor Jesucristo es el León de la tribu de Judá; **Dios no es como león**, sino que, **El es el León**; hay mucha diferencia entre ser algo o alguien, a pretender serlo por imitación o tener llegar a tener un parecido y caer en el engaño de ese parecido.

✓ **Rugiente** - Aquí es de donde me enfocaré para el desarrollo de este capítulo y es también donde puede surgir la interrogante del por qué el Apóstol Pedro resalta lo rugiente del león.

✓ **Devorar**

## La Guerra Psicológica

Partiendo de esas palabras, debo enseñarte su significado bajo una panorámica de carácter jurídico, y relacionarlas con la cita anterior:

**Antidikos:** es un término griego compuesto por 2 palabras.

> Anti = negar.

> Dikos = correcto.

✓ Esa palabra traducida es lo que puedes ver la Biblia como **adversario**, lo cual no es más que una posición legal dentro de los procesos del régimen de derechos espirituales.

✓ Esto funciona una vez que el enemigo encuentra un derecho legítimo o una puerta para penetrar y cazar su objetivo, por esa misma razón es que la Biblia dice en la cita anterior, que debes mantenerte sobrio, alerta, que guardes tu posición de santidad y avances en pos de más hasta llegar a la estatura del varón perfecto, en la medida de la plenitud de Cristo; o sea, la santidad que hoy tienes debes guardarla con celo santo, con sobriedad porque Satanás busca que te descuides, peques en cualquier nivel y de cualquier forma, con el propósito de tener el derecho legal espiritual de atacarte.

✓ Es un término técnico legal utilizado en la antigüedad, de un adversario en una sala del tribunal, es decir, alguien que busca daños oficiales formales y vinculantes; es referirse a que sus argumentos pueden ser considerados y examinados jurídicamente.

✓ El adversario usa acusaciones en contra tuya para negarte lo que legítimamente te pertenece.

✓ Lo que el adversario hace bajo la perspectiva del término **antidikos**, es buscar la manipulación de palabras jurídicas para acusarte, que seas encontrado culpable y de esa manera que te hagas acreedor a sus ataques pero bajo el punto de vista legal.

Al decir legal, me refiero a que él ha llegado a la corte celestial y solicitó al juez justo, Dios Padre, el derecho que le corresponde de poderte zarandear; por supuesto que Dios Padre en Su calidad de juez es quien tiene la última palabra y puede decidir lo que a El mejor le parezca.

Cuando Dios autoriza una zaranda de parte del diablo hacia un cristiano, hay un propósito debidamente definido por El, situación que el diablo no sabe; porque con la tormenta que el diablo le desatará a aquella persona, es la disciplina que Dios está permitiendo para que aquella vida sea enderezada y que en cualquier momento esa persona recapacite del mal camino en el que pueda andar y entonces vuelva a la senda de los justos. Un ejemplo claro a este respecto es la parábola del hijo prodigo de **Lucas 15:11-32**.

- ✓ Pero visto desde el punto de vista de lo que el diablo pretende hacer; es una guerra psicológica que lleva como principal objetivo el desvanecer cualquier escudo que impida una transferencia espiritual de debilidad y cualquier otro argumentos de tinieblas para destruir una vida.

- ✓ Hablar de guerra psicológica bajo la perspectiva de estrategia de guerra para la transferencia espiritual negativa, es una situación muy común aunque no se detecta fácilmente porque la estrategia satánica en este nivel la desconoce la mayoría de personas, aunque en el ámbito cristiano quizá sea más conocido principalmente en siervos y siervas donde Dios haya depositado un espíritu de discernimiento para el entendimiento de los ambientes y una vez detectado lo que está sucediendo, saber qué hacer y ponerlo en práctica para contrarrestar aquel ataque.

- ✓ La estrategia de guerra psicológica para transferencia de espíritus, es usada también en las guerras que tienen lugar entre las naciones porque el objetivo es primeramente causar confusión y desconfianza del potencial que pueden tener y así ser debilitados desde antes de iniciar la guerra, de esa manera es como se transfieren espíritus de cobardía, de miedo, confusión entre los principales militares sabiendo que ellos pueden tener la estrategia para contraatacar, etc., pero no lo harán si son introducidos en una atmósfera que los llevará a una total confusión.

- ✓ La guerra psicológica se encuentra dentro de las 7 guerras que son estratégicas de alto rango y que son enseñadas a las autoridades militares de alto nivel.

# Las 7 Guerras De Alto Nivel

Necesito trasladarte el significado de estas 7 guerras antes de llegar el significado de la guerra psicológica que Satanás utiliza en el modus operandi de ser como león rugiente y que eso mismo abre entonces la puerta a la transferencia de espíritus de las tinieblas.

Es por eso que la base bíblica que estoy usando para este capítulo, no puedes leerla superficialmente, bueno en realidad toda la Biblia tiene una profundidad extraordinaria por lo que no debes leerla solamente para llenar un requisito, sino que, debes pedirle al Espíritu Santo que despierte en ti cada día más hambre por Su palabra y poder tener el entendimiento profundo de cada palabra que El permitió que quedara escrita porque todas tienen luz y consejo para que haya vidas sin pérdidas ni daños, para que estés de pie física y espiritualmente, para no sufrir los daños de una desobediencia inocente quizá, por falta de entendimiento en lo que conlleva el significado de **...como un león rugiente**.

Cuando el Apóstol Pablo, guiado por el Espíritu Santo, escribe aquellas palabras, estaba revelando la psicología de Satanás en la base de la naturaleza y del significado que tiene cuando un león ruge.

Partiendo de eso, puedo decir que es muy interesante que Dios utilice simbolismos de animales para asemejarnos y describir el carácter de un creyente que forma parte de Su pueblo con pacto, por ejemplo: ovejas, águilas, etc., pero también utiliza la semejanza de animales para describir características de personalidades en los seres humanos en general las cuales son negativas, por ejemplo: cuando menciona el macho cabrío Azazel, serpiente, etc.

Es más, la Biblia hace referencia que Jesús es el León de la tribu de Judá; entonces puedes ver que de acuerdo a la cita base, hay uno que **es como…** no es lo que aparenta, sin embargo como es imitador, también ruge siendo ahí precisamente donde está la revelación del modus operandi de guerra que tiene Satanás contra el cristiano.

Otro punto que no puedo dejar de mencionar es que, las 7 guerra que describiré a continuación, no le son enseñadas a un soldado raso (sin menospreciarlo en ningún momento por supuesto), en ese nivel solamente reciben ordenes, no sabe dónde y cuándo se aplican; estas guerras le son enseñadas a los militares, como ya lo mencioné, de alto rango.

Inicio entonces con la descripción de las 7 guerras:

## 1. La guerra por las armas

✓ Es la destrucción de armas, fuerza y municiones del enemigo.

## 2. La guerra de estratagemas

✓ La estratagema es en realidad una maniobra táctica antes que estratégica, que consiste en movimientos y ardides hechos con astucia y destreza para engañar al enemigo y conseguir ventajas sobre él.

✓ Con esto puedes ver obviamente que la estratagema es diferente a la estrategia. La estratagema es la planificación de cómo lanzar un ataque adonde no lo esperan, puedo decir que es como una forma de engaño que usa el enemigo para mover de un terreno específico a otro a su enemigo, con lo cual está debilitando las fuerzas militares de un lugar que ya se tenía planificado que estaría.

## 3. La guerra de la desinformación

✓ También llamada, manipulación informativa; es importante porque prepara el terreno para otro tipo de guerra. Esto es usado para trasladar información incierta y que eso mismo haga que movilicen tropas adonde no deben, debilitando así sus líneas de defensa en determinado terreno o llevando un desgaste de armamento en pos de algo que lleva la idea de contrarrestar un ataque.

✓ Cuando los militares que están en el campo de batalla escuchan la desinformación, se alientan sobre algo que es falso, de tal manera que cuando llegan al momento de la verdad, son desalentados en saber que podrían estar a merced del enemigo a consecuencia de movimientos, producto de la desinformación.

## 4. La guerra de desgaste

✓ Una guerra de desgaste es en la cual el vencedor es el que resiste más en pie, dejando a los demás derrotados.

✓ Las guerras de desgaste ocurren como una especie de punto muerto, en vez de avanzar, prosiguen en el mismo lugar, con los mismos soldados, mismos tanques y otros armamentos, hasta que soldados y armas de un general caen y pierden contra el adversario.

## 5. La guerra de posición o de trinchera

✓ Esta es una forma de hacer la guerra en la cual los ejércitos combatientes mantienen líneas estáticas de fortificaciones cavadas en el suelo denominadas trincheras.

## 6. La guerra asimétrica

✓ Esto es un conflicto violento donde existe una gran desproporción entre las fuerzas militares, por lo tanto obliga a los bandos a utilizar medios fuera de la tradición militar común.

✓ Es como decir que alguien toma ventaja por la tener mayor poder que su oponente, sea estratégica o bélicamente, aquí puedo mencionar lo que es la guerra de guerrillas las cuales no son permanentes sino que, su característica es que aparecen para atacar fuertemente y luego desaparecen; su propósito era que los conocieran por su rapidez, fuerza, estrategia, etc., pero no se quedaban a combatir.

## 7. La guerra psicológica

- ✓ Un plan de guerra psicológica está destinado a aniquilar, controlar o asimilar al enemigo.

- ✓ El fin de la guerra psicológica es destruir la moral del enemigo para lograr la victoria militar.

- ✓ La guerra psicológica está orientada a dirigir conductas, control militar sin recurrir al uso de la armas.

- ✓ Espiritualmente hablando, su objetivo es desgastar al cristiano a manera que sea totalmente debilitado para tener el control absoluto de su voluntad, mente y destino.

## ¿Cómo es Una Guerra Psicológica?

Bíblicamente puedo verlo en este versículo:

**Proverbios 24:10** Si eres débil en día de angustia, tu fuerza es limitada.

Puntos estratégicos en la guerra psicológica:

- ✓ Limitar tu fuerza.

- ✓ Obtener ventaja de tu debilidad.

✓ Establecer la angustia como la parte más vulnerable, es por eso que el enemigo buscará la forma de llevarte a su objetivo, al campo de la angustia; ¿qué te angustia?, ten cuidado porque ahí es hacia donde pretende llevarte Satanás.

Otro de las citas bíblicas que puedo dejar como ejemplo, es la siguiente:

**1 Reyes 19:2-4 (RVA)** Entonces **Jezabel envió un mensajero a Elías**, diciendo: "¡Así me hagan los dioses y aun me añadan, si mañana a estas horas yo no he hecho tu vida como la vida de uno de ellos!" ³ **Entonces él tuvo miedo**, y se levantó y huyó para salvar su vida. Así llegó a Beerseba, que pertenece a Judá. Dejó allí a su criado, ⁴ y él se fue un día de camino por el desierto. Luego vino, se sentó debajo de un arbusto de retama y ansiando morirse dijo: --¡Basta ya, oh Jehovah! ¡Quítame la vida, porque yo no soy mejor que mis padres!

Nota la estrategia que usó Jezabel en esta cita para debilitar al Profeta Elías; no le envió un guerrero con armadura para que el varón de Dios fuera advertido, sino que, fue muy sutil el ataque psicológico, le envió un mensajero insignificante, sin embargo iba delegado por Jezabel y logró debilitarlo. El Profeta había estado en un momento victorioso de parte de Dios, por eso Jezabel lo amenaza de tal manera que logra angustiarlo y debilitarlo.

El impacto psicológico que puede tener una persona en una amenaza, abre toda posibilidad de una transferencia de espíritus de miedo; lo que le sucedió al Profeta Elías fue una proyección mental en saber qué podría hacer aquella mujer porque ya la conocía y sabía del poder político que estaba usurpando y que nadie se le oponía, eso mismo hizo que el varón de Dios reaccionara como puedes ver en la cita anterior.

Uno de los puntos donde se ve la manifestación de miedo del Profeta Elías es el siguiente:

- ✓ **Huye** - eso deja ver que había dejado de confiar en Dios, no obstante que hacía muy poco tiempo que El le había respondido de una forma extraordinaria frente a sus enemigos, pero la amenaza de Jezabel fue tal, que considero como mejor opción el huir.

- ✓ **Le pide a Dios que le quite la vida** - con esto deja ver que no le importó el propósito que Dios en algún momento le trasladó para que fuera Su Profeta, esto sin contar que llevaba en su corazón el hecho de no ser como sus padres, su concepto de ellos era tal, que no quería seguir sus pasos. No estoy diciendo que los hijos deben ser como los padres porque en todo caso el ejemplo a seguir es Jesús; honra a tus padres pero recuerda que estás llamado a que alcances la estatura del varón perfecto, o sea Jesús, en la medida de la plenitud de Cristo.

## CONCEPTO DE GUERRA PSICOLÓGICA

La guerra psicológica está caracterizada por sus manifestaciones psicológicas, mentales o morales, es decir, a nivel emocional de los sentimientos y/o a nivel intelectual de la inteligencia, la memoria, etc., con el propósito de preparar el escenario para una transferencia espiritual negativa pero para eso debe abarcar la esfera almática con lo que expliqué, lo cual sirve para que la persona deje de razonar correctamente o que no le permita al espíritu humano siga siendo guiado por el Espíritu Santo, en ese momento entonces su alma será la que lo conduzca pero una vez dañado en lo anterior, no tendrá un buen raciocinio principalmente porque será la transferencia de un espíritu de miedo el que lo estará gobernando.

## La Esfera De La Guerra Psicológica

## El Impacto de Una Transferencia Psicológica

Cuando realizas un estudio de las emociones, sentimientos, inteligencia, memoria y aspectos de carácter mental que toda víctima de guerra psicológica puede experimentar, te encuentra que es una esfera que podría tener lugar con diferentes síntomas, por ejemplo:

- ✓ Agobiado, estresado, atormentado, acosado, maltratado, agredido.

- ✓ Amenazado, perturbado, con impotencia, triste, dolido, apático, amargado.

- ✓ Deprimido, tensionado, herido, molesto, enfermo, despreciado, angustiado.

- ✓ Irritable, al límite, sin esperanzas, acabado, abatido, infravalorado, insultado.

- ✓ Confundido, desilusionado, muy infeliz, desquiciado, trastornado.

- ✓ Desorientado, perturbado, consternado, desesperado, perdido, ofendido.

- ✓ Aterrorizado, inútil, mortificado, perseguido, agredida, de mal humor, etc.

Aunque hay muchos más, puedo decir que estos son los principales indicadores de una persona que está bajo el impacto de una psicología que a su vez es la preparación para una transferencia de espíritus negativos, lo cual pudo haber empezado con una amenaza directa en persona o por cualquier medio de comunicación que esté llegando de forma personalizada a un individuo, dirigido directamente por Satanás, un espíritu inmundo o un demonio que en la táctica de susurros puede estar ministrando una guerra psicológica, desvaneciendo toda posibilidad de una línea de defensa.

Por eso es posible que hayas escuchado a gente que escucha voces que los atemorizan, los manipulan en la base del miedo, pero no es por medio de una persona física precisamente sino que, son voces como parte de un ataque psicológico en la base de una transferencia espiritual porque como lo he venido señalando, es la preparación para que quede abierta la puerta y que entre toda clase de espíritus negativos a la vida de aquella persona que está siendo víctima.

Por supuesto que bajo la perspectiva secular, la persona que está siendo víctima de voces de las tinieblas, la refieren con el médico; al no encontrarle nada la refiere al psicólogo hasta que finalmente llega con el psiquiatra y nadie encuentra una respuesta certera porque todos están bajo la idea de problemas mentales propiamente de lo que el mismo mundo les enseña. Sin embargo en el ámbito que estás estudiando puedes ver que todas estas situaciones son posibles porque está escrito en la Biblia que existen los susurros de parte de las tinieblas.

En las experiencias que he tenido a este respecto sobre personas que han vivido este tipo de situaciones; han manifestado que es una especie de mono o chimpancé el que se les sienta en el hombro para susurrarles al oído.

De esto mismo, hace mucho tiempo le pedí a Dios que me revelara qué era lo que estaba sucediendo porque eran varios los casos que estaba teniendo, de tal manera que en una oportunidad, mientras estaba liberando a una persona, junto a mi equipo de siervos ministradores del alma; la persona cayó manifestado y cuando obligamos a la persona a que se identificara, el espíritu dijo que se llamaba **CALI**, el cual es un demonio que se sienta en los hombros de la persona que tiene el entorno para que actúe como quiere, en este caso, con susurros.

Cuando sucede este tipo de cosas, ninguna otra persona lo escucha, solamente el que está bajo ese ataque porque es como decir que es un audio que tiene lugar en el infrasonido, lo escucha solamente la persona que está en esa sintonía.

Para ese momento Dios me hizo recordar lo escrito en la cita base de este capítulo, **1 Pedro 5:8** cuando menciona el rugido del león, aunque el león tiene varios rugidos, uno es de ultrasonido y otro es de infrasonido; para cuando el Apóstol Pedro recibe la revelación de Dios para escribir sus epístolas, ya conocía a este respecto, aunque quizá no bajo los mismos términos; entonces advierte que era imprescindible que hubiera santidad, que hubiera sobriedad para no perder la sintonía con Dios porque el adversario anda con su rugir, sabiendo que puede hacerlo en las 2 frecuencias que ya describí: ultrasonido e infrasonido.

## La Esfera Del León Rugiente

Nuevamente hago hincapié en que, si está escrito en la Biblia, si fue inspiración divina a través del Apóstol Pedro como una advertencia acerca del rugido del león, entonces es para que sea considerado como arma satánica bajo la perspectiva que no es un león como tal, porque la cita base de **1 Pedro 5:8** dice claramente es que **como león**, sin embargo está haciendo una imitación para engañar atemorizando y consecuentemente debilitar a su presa y devorarla.

Primero describiré lo que significa el rugido natural y posteriormente el significado bíblico, para lo cual dejaré descrita nuevamente la cita base:

**1 Pedro 5:8-9 (LBA)** Sed de espíritu sobrio, estad alerta. Vuestro adversario, el diablo, anda al acecho **como león rugiente**, buscando a quien devorar. **9** Pero resistidle firmes en la fe, sabiendo que las mismas experiencias de sufrimiento se van cumpliendo en vuestros hermanos en todo el mundo.

En el versículo 9 puedes notar el impacto psicológico que viene en el modus operandi con lo cual viene mucho sufrimiento. Pero entonces los puntos que explicaré acerca de la esfera del león rugiente son los siguientes:

**Naturaleza del león rugiente:**

✓ Siempre anda buscando a quién devorar.

**La esfera psicológica:**

✓ Cuando el león busca su presa para devorarla, no ruge porque sería como advertirle que él la atrapará y entonces que tenga la oportunidad de huir.

✓ No obstante debes saber que tiene rugidos en una frecuencia de infrasonido; por eso es necesario saber qué es lo que estaba tratando de decir el Apóstol Pedro.

A este respecto habría mucho más que profundizar, sin embargo lo haré más a detalle en la **Escuela de Guerra Espiritual Intégritas**, en la que espero, seas participante porque para cuando leas este libro, la escuela habrá dado inicio pero no transcurriendo mucho tiempo como para decir que no puedes integrarte y así llegar a otro nivel de conocimiento como parte del equipamiento de guerrero espiritual el cual no debería ser una opción más, sino algo que es necesario en tu vida.

Recuerda que el tiempo final del cual los profetas en el Antiguo Testamento profetizaron que sucedería, se ha convertido en el diario vivir del mundo; lo que fue un futuro lejano para aquellos varones de Dios, finalmente llegó al presente continuo de la humanidad, pero el enemigo también sabe que le queda poco tiempo, de tal manera que está fortaleciendo su movimiento; no estoy magnificando el poder del diablo, pero debes ser consciente que, la Biblia dice claramente que el diablo para este tiempo descenderá con gran furor.

Una de las cosas que debes tener siempre presente es que la Biblia no tiene palabras de más ni de menos, cuando la Biblia dice que algo es grande, sencillamente así es, y si dice que es pequeño, sencillamente es porque así es también. De tal manera que cuando dice la Biblia que el diablo descenderá con gran furor, está haciendo énfasis a un grado superlativo del furor. Si has creído que tus batallas son fuertes, es porque el diablo lo ha hecho con furor, pero cuando descienda lo hará con mega furor, llevará su enojo a la máxima expresión, consecuentemente sus estrategias y así podrías estar experimentando tus batallas.

Insisto, no estoy magnificando el poder del diablo, solamente estoy siendo enfático para que tomes conciencia de las batallas que estás por librar pero no será sino hasta que, por medio del poder del Espíritu Santo, tengas las armas de luz necesarias para contrarrestar todo ataque satánico, es la razón también por la cual Dios está permitiendo que continúes en el equipamiento de guerrero espiritual. Realmente si sabes que tienes un lugar dentro del ejército de Dios como guerrero espiritual, debes desempeñar el lugar que te corresponde con toda fidelidad a Dios.

La Biblia deja ver que si tienes un llamado específico en la obra de Dios, yo tengo el mío y cada uno dentro de la Iglesia de Cristo tiene un llamado diferente uno del otro:

**1 Corintios 12:29 (LBA)** ¿Acaso son todos apóstoles? ¿Acaso son todos profetas? ¿Acaso son todos maestros? ¿Acaso son todos *obradores de milagros*?

Eso significa que Dios tiene grupos para diferentes tareas, por eso es importante que sepas cuál es tu llamado y que no busques imitar a otro porque entonces no estarás desempeñando a cabalidad tu llamamiento en la obra de Dios. El trabaja de esa manera y siempre guarda remanentes, por eso, cuando el Profeta Elías pensó que era el único que había quedado, Dios le dijo que habían 7000 que no habían doblado su rodilla ante Baal.

Los remanentes de Dios son grupos específicos a los que El les pone determinada vocación, unción, habilidades, les permite alcanzar los canales necesarios para que sean debidamente equipados, les asigna conexiones espirituales para que sean preparados adecuadamente.

Debes saber que el llamamiento de Dios a Su obra, lo recibimos juntamente con mi esposa hace 35 años, tiempo durante el cual El nos ha permitido ser equipados, nos ha revelado Su palabra, nos ha permitido tener entendimiento y discernimiento espiritual, de tal manera que los estudios que has tenido la oportunidad de leer y aprender, no los obtuve de ningún libro cristiano ni secular, no los copié de ningún lugar; quizá en algún momento discutí un tema con otro ministro de Dios porque era algo que desconocía y eso mismo lo utilizó Dios para que profundizara y llegara a obtener un mayor conocimiento a ese respecto.

De esa manera es como Dios ha permitido que al lado de mi esposa, aprendamos las estrategias de guerra espiritual para el final de los tiempos que finalmente nos han alcanzado; estrategias que al aplicarlas bajo los principios divinos, alcancemos a ser efectivos en lo que Dios se ha movido a través de nuestra vida, liberando a los que estaban cautivos, a una libertad para la gloria de Dios y ahora sean parte del ejército de Dios en primera línea, algunos son ministros primarios que están constantemente batallando en el nombre de Jesús, sabiendo que así como ellos fueron libres, aún falta libertar a otros.

Entonces, aunque es mucho el contenido que puedo dejar en este libro acerca de las transferencias espirituales horizontales, aún habrá mucho qué decir, principalmente porque Dios es infinito y el conocimiento que podemos obtener de El, también es extenso, razón por la cual, creo que este libro lleva la información necesaria para continuar profundizando muy personalmente, pidiéndole al Espíritu Santo que te guie en todo momento y estar pendiente de lo que El nos continúe revelando en Su palabra.

Tienes como base lo que ya expliqué ampliamente en los capítulos anteriores respecto a cómo sucede este tipo de transferencias, ya no es necesario el código genético para que haya una transferencia espiritual, sino que, bastará con que el espíritu de las tinieblas encuentre el entorno donde se sienta cómodo para desenvolverse.

## ¿PARA QUÉ ES EL RUGIDO DEL LEÓN?

- ✓ El rugido es sólo para intimidar a su presa (sonido en una frecuencia ultra), esta es la parte psicológica del diablo.

- ✓ El rugido es sólo una advertencia y es también la forma como demuestra que es poderoso.

- ✓ El león no es poderoso sin el rugido.

- ✓ El problema es que su presa cree en el poder del rugido y se confunde y no sabe hacia dónde ir.

- ✓ Cuando el león ataca, lo hace sorpresivamente, no lo anuncia (sonido en una frecuencia infra).

Bíblicamente, existen 2 términos del rugido:

- ✓ Rugiente en griego: #5612 aruomai.

- ✓ Rugiente en hebreo: #7580 shaág voz de angustia, gemido, rezongar o bramar, gruñir, rugir, vociferar.

Lo que denota los diferentes significados, no es sólo la clase de sonidos, sino lo que provoca; lo cual puedes notar más claramente en el término hebreo. Otro punto interesante es que en toda la Biblia solamente aparecen 4 veces estos términos que llevan la base de rugiente:

**1 Pedro 5:8 (LBA)** Sed de espíritu sobrio, estad alerta. Vuestro adversario, el diablo, anda al acecho como león **rugiente**, buscando a quien devorar.

Rugiente en Griego: #5612 Aruomai "

**Salmos 22:13 (LBA)** ...ávidos abren su boca contra mí, como un león rapaz y **rugiente**.

Cuando profundizas en este Salmo, puedes ver que está refiriéndose al momento cuando Jesús está en la cruz; en aquel momento no hubo leones que estuvieran vociferándole al Señor, lo que estaba sucediendo es que El estaba peleando la guerra espiritual de la cruz del calvario; en ese momento y en la dimensión donde se estaban llevando a cabo esas batallas, El escuchó rugidos de león que nadie más percibió porque era en uno de los modos de pelea de Satanás en la frecuencia de infrasonido.

**Proverbios 28:15 (LBA)** Cual león **rugiente** y oso agresivo es el gobernante perverso sobre el pueblo pobre.

**Ezequiel 22:25 (LBA)** Hay conspiración de sus profetas en medio de ella, como león **rugiente** que desgarra la presa. Han devorado almas, de las riquezas y cosas preciosas se han apoderado, las viudas se han multiplicado en medio de ella.

Rugiente en Hebreo: #7580 "voz de angustia", gemido.

Así es el diablo cuando ruge, intimida e intenta que la gente sea afectada psicológicamente; de manera que su víctima crea que no hay salida del problema, del ataque, de la crisis o la opresión que lo está intimidando.

## La Esfera de La Guerra Psicológica Del León Rugiente

A partir de este tópico empezaré a explicarte más enfáticamente lo que representa la guerra psicológica, para lo cual quiero hacer hincapié en 2 puntos que ya mencioné:

**El león ruge:**

- ✓ Lo hace cuando quiere que lo escuchen en su territorio.

- ✓ Lo hace cuando está devorando a su presa, como celebrando su victoria.

**El león no ruge:**

- ✓ Cuando se prepara para atacar a su presa.

- ✓ En ese momento cambia la frecuencia del rugido.

- ✓ Su rugido se convierte de ultrasonido a infrasonido.

Cuando hace ese cambio de rugido es porque el león tiene a la presa a su merced y es la presa quien puede percibir ese infrasonido porque es lo que le sirve para que siga paralizado del miedo.

## ¿QUÉ ES EL INFRASONIDO?

Es una onda acústica u onda sonora cuya frecuencia está por debajo del espectro audible del oído humano (aproximadamente 20 Hz).

Oportunamente he podido advertir acerca de las películas de terror, porque manipulan las emociones precisamente a través de infrasonido; hay un sonido que es detectable fácilmente y cualquier persona lo capta, pero la mayor parte de películas de terror, utilizan infrasonidos; de tal manera que así como una película de terror manipula las emociones, así es el impacto del rugido de un león en la frecuencia igualmente de infrasonido.

Entonces, no se trata solamente que, cuando una persona está viendo una película de terror empieza a sentir emociones, sino que, detrás de esas emociones es donde su cuerpo segrega adrenalina la cual está cargada con una sustancia de azúcar que los demonios que están en los diferentes ambientes pueden percibir en una persona y es entonces cuando ellos atacan.

Cuando una persona está experimentando esa situación en su cuerpo, también descienden sus niveles de conciencia donde es como una puerta abierta para que entre un espíritu inmundo y así pueda estar manipulando la mente de aquella persona desde su interior.

Las bandas sonoras de las películas de terror suelen incluir sonidos que están por debajo del rango que un ser humano puede percibir, pero pueden ser captadas por micrófonos y los parlantes los reproducen, pero tampoco es en una frecuencia audible normal. Aunque no los oigas, puedes sentirlos y se ha demostrado que causan ansiedad, palpitaciones, escalofríos, náuseas y otros síntomas típicos del miedo.

El infrasonido es entonces un sonido con una frecuencia tan baja que no se escucha, pero sí se puede sentir.

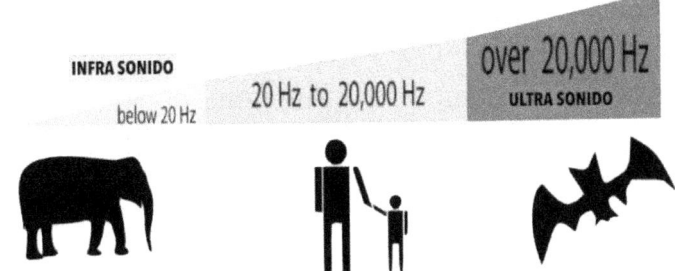

Algunos animales pueden escuchar ese tipo de frecuencias que están por debajo de los 20Hz no así los humanos con la limitación de escuchar el sonido arriba de esa frecuencia.

## EL INFRASONIDO DEL LEÓN RUGIENTE

- ✓ El infrasonido es capaz de provocar toda clase de desagradables sensaciones, irritación, dolor e incluso provocar un sangrado en sus oídos.

- ✓ La exposición a sonidos entre 7 y 19 Hertzios, pueden inducir a un estado de miedo, paranoia, temor, dolor y pánico; es en esta frecuencia donde ruge un león, en la frecuencia de infrasonido.

Lo que esto significa es que, si bien es cierto que no puedes percibir ese sonido de forma normal, tu interior si lo capta y es entonces cuando empieza a hacer estragos en tu alma. Por eso es que Satanás utiliza esa estrategia de guerra y es esto a lo que se refiere la Biblia en **1 Pedro 5:8** cuando dice que el diablo anda como león rugiente, no solamente es que ande como un león, sino que, el diablo conoce de este tipo de frecuencias de sonido y las usa para atacar el alma de la gente, principalmente en cristianos.

- ✓ Pruebas científicas de este hecho, creen que estos sonidos son emitidos por entidades.

- ✓ Algunos animales son capaces de emitirlos, por ejemplo el tigre y el león cuyo rugido tiene una frecuencia de sonido de 18 Hz.

- ✓ 19 Hz está en el rango conocido como **infrasonidos**, justo por debajo del rango del oído humano que comienza en los 20 Hz.

- ✓ El rugido del león que genera una frecuencia de 19 Hertzios, es inaudible para el oído humano, pero tiene la capacidad de confundir la mente de su víctima, de manera que quede en desesperación.

En el año 1950 Vladimir Gavreau (Vladimir Gavronsky), un científico ruso nacionalizado como francés, llevó a cabo varios experimentos en cuanto a los efectos del infrasonido.

Las investigaciones que se han llevado acabo, lograron determinar que la exposición a sonidos de entre 7 y 19 Hz., pueden inducir un estado de miedo, paranoia, temor, dolor y pánico.

## EL RANGO DEL OÍDO Y LA PERCEPCIÓN

En la década de 1980, el ingeniero británico Vic Tandy, investigó de que las frecuencias bajas pueden afectar a los seres humanos causando malestar, mareo, hiperventilación y miedo, pudiendo dar lugar incluso a ataques de pánico.

Estas ondas también producen visión borrosa, ya que están muy cerca de los 18 Hz, que es la frecuencia de resonancia (vibración) del globo ocular.

Con esto puedes analizar cuál es el daño que pueden causar las películas que en su publicidad resaltan qué clase de sonido es el que tienen, como queriendo atraer a su público con esa característica de sonido envolvente o con nombres que se desconoce lo que significan; sin embargo la realidad es que están afectando el alma de la gente que los escucha, logrando entonces su manipulación al punto que, si los directores de determinada película buscan que la gente termine llorando al final de la película, lo hacen a través de esta manipulación de ondas sonoras.

Lo delicado con todo esto es que no solamente pueden manipular el sonar, sino que también se puede llegar a ver la figura de un fantasma, siendo entonces una ilusión óptica. Según algunos, puede ser causada por la resonancia de los ojos; esto hace entonces que la percepción del creyente en Dios puede hacerlo cambiar, porque una de las artimañas del diablo es que veas tu propia vida de la forma como él te ve.

A este respecto, una de las cosas que he enseñado oportunamente es que el cristiano tiene 3 opciones de ver su vida:

✓ **Con la percepción de Dios.**

Si ves las cosas con la percepción de Dios verás las salidas a tus problemas.

- ✓ **Con su propia percepción.**

Si ves las cosas con tu propia percepción, habrá humanismo a menos que verdaderamente hayas muerto a tu propio yo y seas consciente que toda tu vida depende de Dios.

- ✓ **Con la percepción de Satanás.**

Si ves las cosas con la percepción de Satanás, solamente verás derrotas, desánimo, miedo, sentimiento de rechazo y perdedor en todo.

Otro punto que debo mencionar a manera de recordatorio y en relación a la manipulación visual es que, a la persona se le abre el velo de lo oculto para poder ver potestades, fantasmas, entidades de otra dimensión porque es la forma como Satanás traslada más terror.

Ahora bien, si todo eso es bajo el punto de vista físico, ¿qué no podrá suceder en el ámbito espiritual? Por eso traigo nuevamente a mencionar un principio: todo lo que es físico y visible, es precedido por lo espiritual e invisible. Entonces todo lo que es posible en la dimensión física, trae una influencia de la dimensión espiritual.

Lo que Satanás busca entonces es que, una persona a la que le ha hecho descender sus niveles de conciencia para que pueda ver demonios y toda clase de potestades en el mundo espiritual de las tinieblas; su propósito es simplemente hacerla entrar en estados de miedo extremo para preparar la parte psicológica y que para Satanás sea más fácil devorarla en el modus operandi de león rugiente.

## OTRA BASE BÍBLICA

En la Biblia puedes encontrar lo que describí como experimentos científicos en relación a lo que se percibe por debajo de los 20 Hz.

Job vivió la esfera psicológica del infrasonido la cual es la frecuencia del diablo o león rugiente.

**Job 4:12-14 (LBA)** Una palabra me fue traída furtivamente, y mi oído percibió **un susurro** de ella. **13** Entre pensamientos inquietantes de visiones nocturnas, cuando el sueño profundo cae sobre los hombres, **14** me sobrevino un espanto, un temblor que hizo estremecer todos mis huesos.

**Susurro: H8102 shémets significa** emitir un sonido; insinuación: leve (infrasonido).

Aquí puedes ver nuevamente la forma estratégica en la que trabaja Satanás, porque solamente Job pudo escuchar ese susurro con el propósito que fuera aterrorizado en su alma.

**Job 4:15-21 (LBA)** Entonces un espíritu pasó cerca de mi rostro *(su ojo también fue impactado por el infrasonido)*, y el pelo de mi piel se erizó *(esta es la respuesta corporal de alguien que está siendo impactado psicológicamente)*. **16** Se detuvo, pero no pude reconocer su aspecto; una figura estaba delante de mis ojos, hubo silencio, **después oí una voz**: ¹⁷ "¿Es el mortal justo delante de Dios? ¿Es el hombre puro delante de su Hacedor? ¹⁸ "Él no confía ni aun en sus siervos; y a sus ángeles atribuye errores. ¹⁹ están en el polvo, que son aplastados como la polilla! ²⁰ "Entre la mañana y la tarde son hechos pedazos; sin que nadie se dé cuenta, perecen para siempre. ²¹ "¿No les es arrancada la cuerda de su tienda? Mueren, mas sin sabiduría" *(esta es la ministración al alma de Job para atacarle su fe, desmoralizarlo, desanimarlo).*

En esto puedes ver cómo es que Satanás está manipulando la mente de Job al decirle que Dios no confía, pero eso es totalmente contradictorio porque de no confiar, El no hubiera levantado hombres para que predicaran Su palabra, sin embargo dice la Biblia que a lo vil y menospreciado del mundo escogió Dios para avergonzar lo sabio de este mundo.

Dios encomienda tareas de mucha confianza como es el hecho de preparar a Su novia, la que será la esposa del Señor Jesucristo, ya con eso puedo decir que Dios confía en Sus siervos; por supuesto que de pronto puedo cometer errores, pero Dios confía; al hombre le confió la proclama de Su evangelio, la expansión de Su reino; sin embargo Satanás lanza su veneno una vez que ha hecho su mayor esfuerzo por trastocar el alma de una persona cuando aplica la guerra psicológica bajo la estrategia del león rugiente.

## El León y El Rugido Infrasonido De Satanás

En este tópico corresponde ver qué es lo que sucede en el interior del que es presa de Satanás, ver qué sucede con el sistema óseo, sistema nervioso, sistema circulatorio, sistema muscular, a la mentalidad, conciencia, etc.

El rugido de un león crea pánico y paraliza los movimientos de sus víctimas.

El rugido a 19 Hertzios provoca lo siguiente:

- ✓ Las personas expuestas al infrasonido experimentan ansiedad, miedo y otras emociones inexplicables.

- ✓ El rugido infrasonido, confunden la mente de su víctima, de manera que quede en desesperación.

- ✓ Causa depresión, demencia y por otro lado, estrés.

- ✓ Alteran el comportamiento provocando sensaciones de ansiedad.

- ✓ El comportamiento de las personas afectadas por infrasonido de 19 Hertzios, se vuelven más agresivo y con mayor apatía para trabajar o laborar en unidad (congregacionalmente) y con dificultades para concentrarse.

- ✓ Experimentan dolor de cabeza, complicaciones para mostrar paciencia y amor a los demás, se pierde la capacidad de amar al prójimo.

- ✓ Un rugido es provocar un tormento a la mente.

## LA PSICOLOGÍA DEL TEMOR

- ✓ Los científicos han descubierto, cual es la psicología del temor, ellos dicen que el temor es como **la madre de las emociones**.

- ✓ Eso significa que, si el temor es la madre de las emociones, entonces su efecto es posible a partir de ahí, a cualquier otra emoción negativa porque es como una derivación.

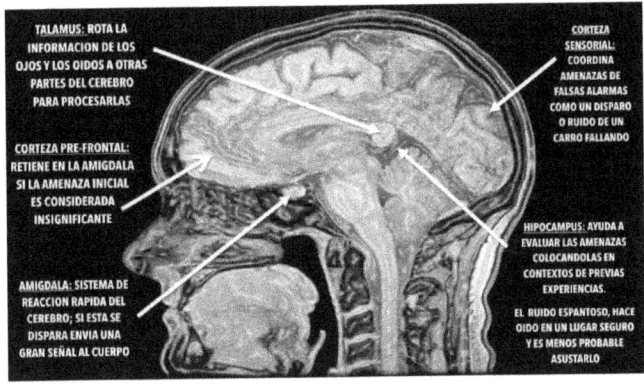

- ✓ El corazón empieza a palpitar más rápido.

- ✓ Los pulmones a bombear y los músculos adquieren una ola de glucosa energizante.

- ✓ Las hormonas del estrés también actúan en el cerebro creando un estado de alta alerta y súper cargando el circuito envuelto en la formación de la memoria.

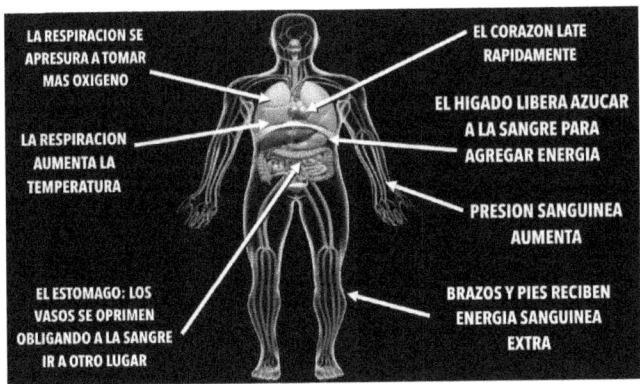

✓ Constante stress es experimentado en el hombre o mujer por causa del temor.

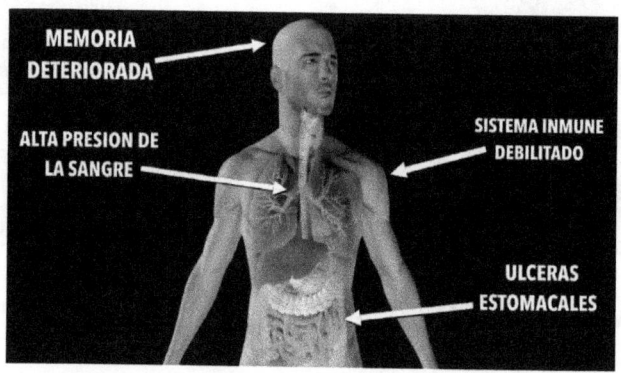

El consejo final que puedo dejar es que te cuides de toda transferencia espiritual negativa. Renuncia a todo lo que hasta hoy sabes que se dio en tu vida y que ha tenido repercusiones negativas o que las puedes tener a futuro o sabes por discernimiento que debes poner un alto al ataque sutil de Satanás porque estás bajo amenaza y puedes tener serias complicaciones, ya seas tú o tus descendientes dentro de una transferencia espiritual vertical, así mismo puede haber una transferencia espiritual horizontal bajo los principios que ya pudiste aprender en este libro.

Hazlo en el nombre de Jesús porque Su victoria es tu victoria.

# Biblioteca De Guerra Espiritual Para Combatientes De Liberación

# ESCUELA DE INTERCESORES
## SEGUNDO NIVEL

DR MARIO H. RIVERA

# ESCUELA DE INTERCESORES
## PRIMER NIVEL

APÓSTOL MARIO H. RIVERA

# LAS RAICES DEL ABISMO

SERIE: EQUIPAMIENTO INTEGRAL PARA COMBATIENTES DE LIBERACION #8

DR. MARIO H. RIVERA

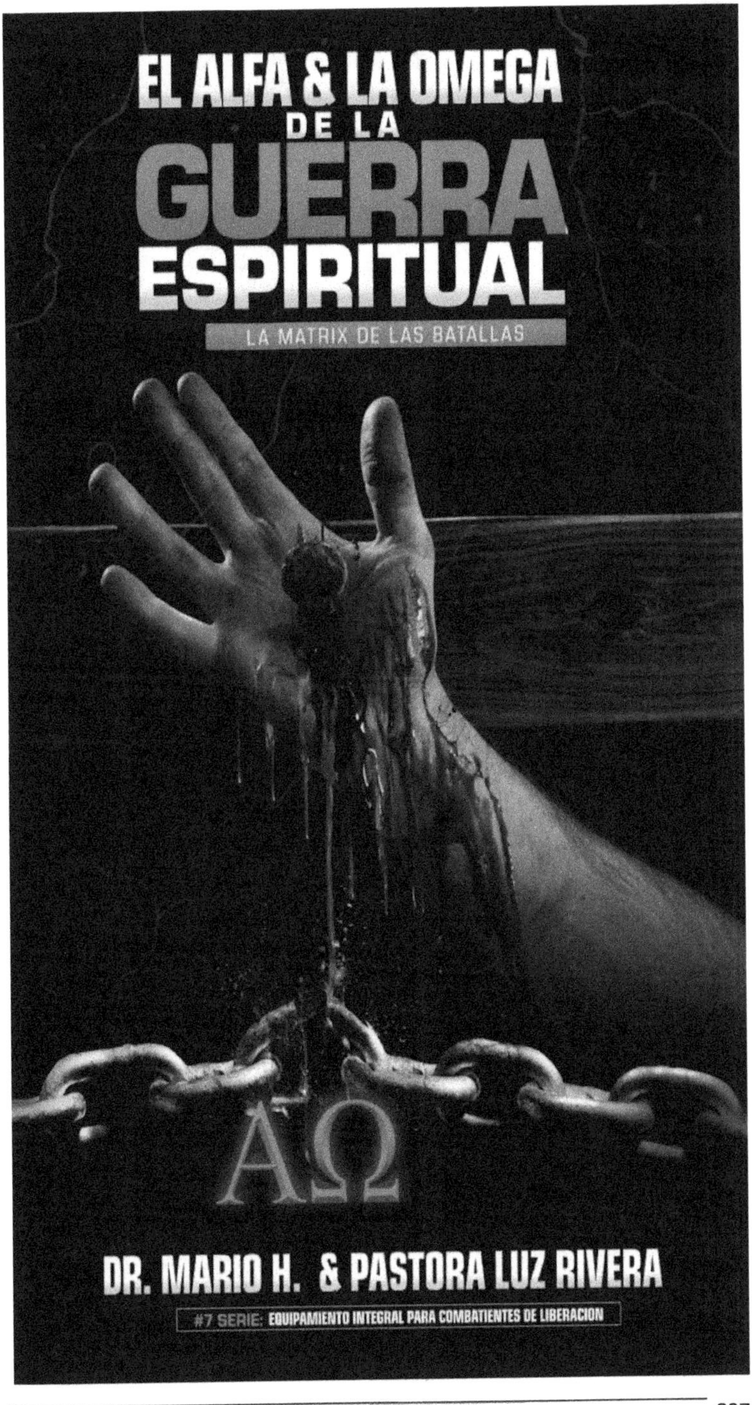
EL ALFA & LA OMEGA
DE LA
GUERRA
ESPIRITUAL
LA MATRIX DE LAS BATALLAS
AΩ
DR. MARIO H. & PASTORA LUZ RIVERA
#7 SERIE: EQUIPAMIENTO INTEGRAL PARA COMBATIENTES DE LIBERACION

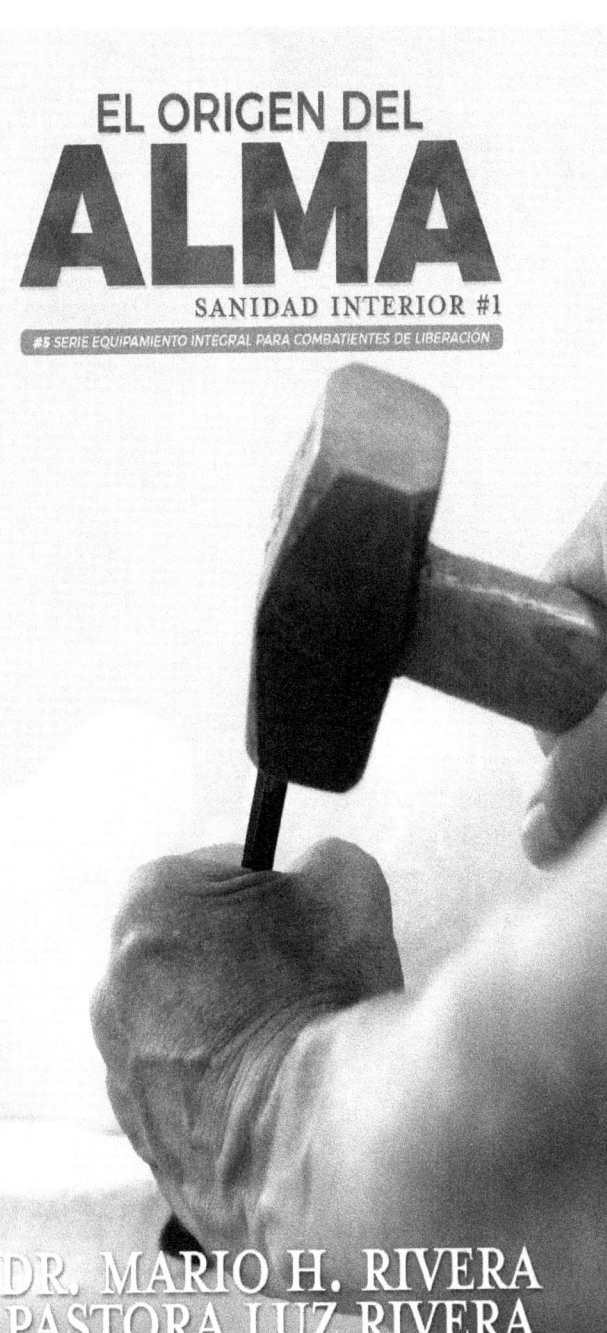

# LA LIBERACIÓN INTEGRAL FAMILIAR

**LIBRO 2: EDICIÓN MINISTERIAL**

SERIE: EQUIPAMIENTO INTEGRAL PARA COMBATIENTES DE LIBERACIÓN

## Dr. Mario H. Rivera
## Pastora Luz Rivera

www.ingramcontent.com/pod-product-compliance
Lightning Source LLC
Chambersburg PA
CBHW051036160426
43193CB00010B/958